ESPACIOS INDEFENDIBLES

MOVIMIENTOS TÁCTICOS Y SESIONES DE ENTRENAMIENTO

ANDRÉS BRETONES

Espacios indefendibles. / Andrés Bretones. - 1a ed. - LIBROFUTBOL.com, 2020.
182 páginas; 15,2 x 22,9 cm.

ISBN 978-987-8370-25-5

1. Deportes. 2. Fútbol. I. Título.
CDD 796.334

ESPACIOS INDEFENDIBLES.
Andrés Bretones

Diseño de cubierta: Luciano Medvetkin
Maquetación: Luciano Medvetkin
Foto del autor: © Andrés Bretones

LIBROFUTBOL.com
Olga Cossettini 1112 - oficina 8F - Ciudad de Buenos Aires -
Argentina
ediciones@librofutbol.com - whatsapp +54 9 11 2215 1982

1ª edición: diciembre 2020

ISBN 978-987-8370-25-5

CONTENIDO

Paso 1

Ingresar a Google Play o Apple Store y descargar la App lectora de QR.

Paso 2

Instalar y abrir la App en tu dispositivo móvil.

Paso 3

Escanear el código QR para poder acceder al contenido exclusivo.

INTRODUCCIÓN

En este libro encontrarán una serie de análisis sobre cuatro entrenadores, dos de ellos con una trayectoria amplia en los banquillos y los otros dos con sangre joven que empiezan su camino, pero que destacan por el potencial que pueden llegar a tener en sus carreras.

En cada capítulo se hace un análisis detallado de la idea de juego de cada entrenador en el plano ofensivo, estructurado en cuatro partes. Cómo inician el saque de meta, qué situaciones realizan en la zona de inicio, la zona de progresión y la zona de finalización. También se hace un breve repaso de qué hacen sus equipos en las transiciones ofensivas a la hora de recuperar el balón. Dentro de cada fase del juego destacamos tres o cuatro situaciones que se reproducen de manera continua durante los partidos y tratamos de averiguar el porqué de esos movimientos, añadiendo conceptos técnicos y tácticos asociados al juego.

En el capítulo final hay una serie de veinte ejercicios que pueden ayudar a la construcción de vuestros entrenamientos. En esas tareas se reflejan diez situaciones analizadas durante el libro y por cada situación se plantean dos tareas de entrenamiento diferentes, buscando la progresión dentro de una metodología de trabajo. Es importante destacar que estas sesiones de entrenamiento siempre deben ser adaptadas al contexto en que se encuentre cada entrenador en sus equipos. También resulta fundamental el mensaje del entrenador hacia los futbolistas antes, durante y después de las tareas.

ESQUEMAS HABITUALES UTILIZADOS PARA LOS ANÁLISIS DURANTE EL LIBRO

1-4-2-3-1

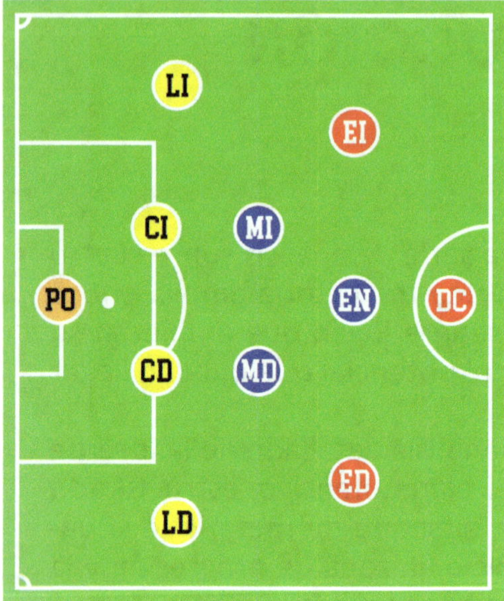

1-5-4-1

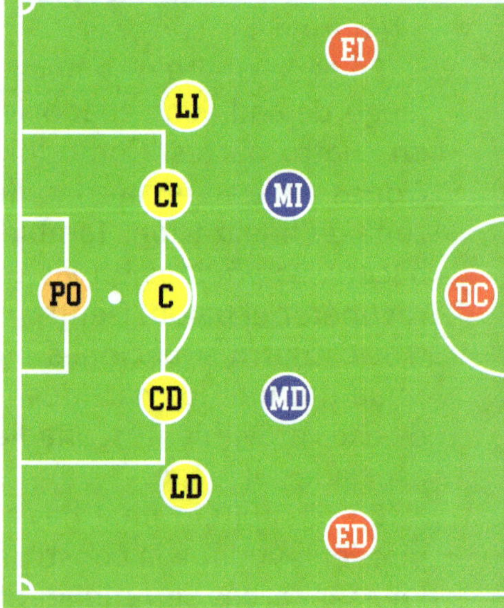

1-4-4-1-1

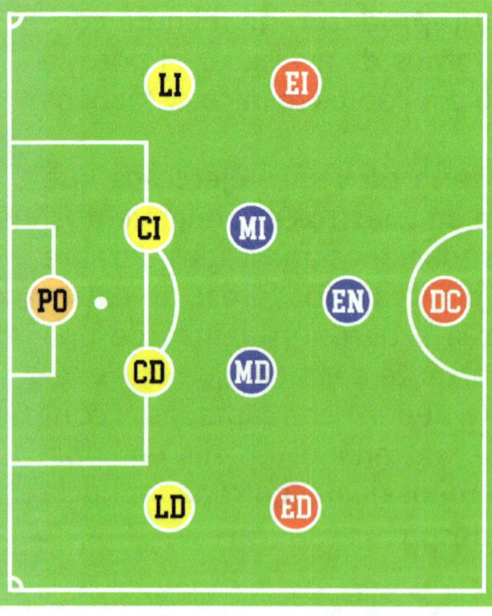

1-4-3-3

1-4-1-4-1

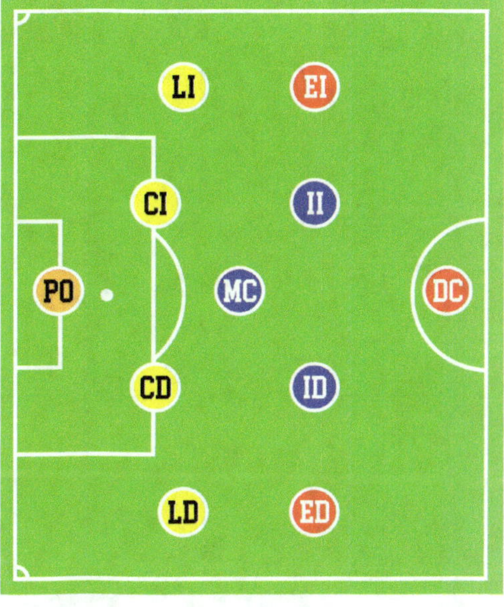

1-4-4-2

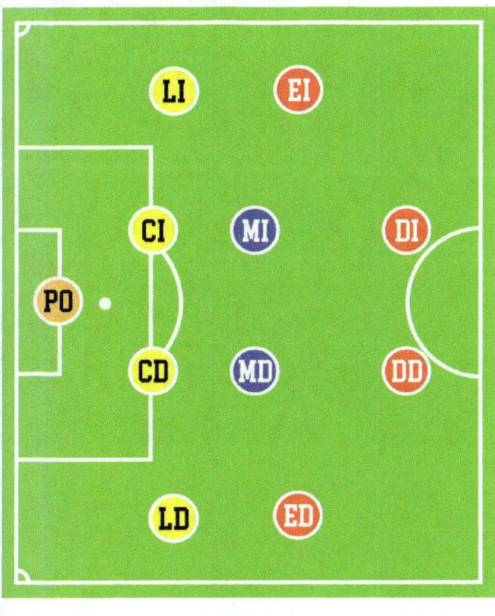

PO PORTERO	**LI** LATERAL IZQUIERDO	**CI** CENTRAL IZQUIERDO	**C** CENTRAL	**CD** CENTRAL DERECHO	**LD** LATERAL DERECHO
II INTERIOR IZQUIERDO	**MI** MEDIOCENTRO IZQUIERDO	**EI** ENLACE IZQUIERDO	**MC** MEDIOCENTRO		
EN ENLACE	**ED** ENLACE DERECHO	**MD** MEDIOCENTRO DERECHO	**ID** INTERIOR DERECHO		
EI EXTREMO IZQUIERDO	**DI** DELANTERO IZQUIERDO	**DC** DELANTERO CENTRO	**DD** DELANTERO DERECHO	**ED** EXTREMO DERECHO	

1-3-5-2

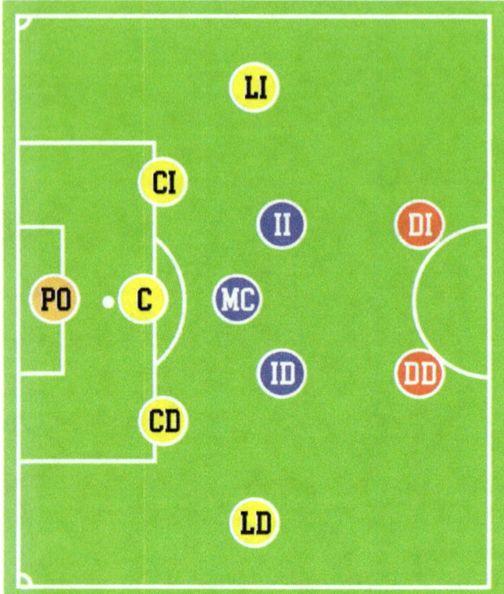

1-3-4-2-1

1-4-3-1-2

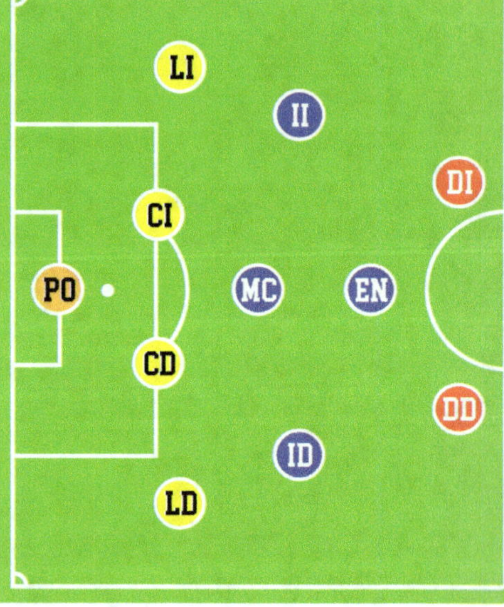

CAPÍTULO 1
MARCELO BIELSA

1.1 INTRODUCCIÓN

Los equipos de Marcelo Bielsa buscan tener la posesión del balón y atacar. El argentino, sin importar el rival, siempre va a poner aquellos jugadores que tienen mayor capacidad ofensiva y va a salir con la clara intención de atacar. Todo esto, evidentemente, sin descuidar las otras fases del juego que también trabaja y domina.

Sus equipos se vienen estructurando en un sistema 4-3-3 con jugadores muy asentados en su idea de juego y con pocas rotaciones a nivel individual, pero aplicando el concepto de polifuncionalidad que tanto le gusta a Bielsa. A partir de su esquema de juego empiezan a surgir unas intenciones claras: atrás es un equipo que busca la pausa, encontrar los espacios, dar tiempo a los futbolistas alejados a situarse correctamente y a partir de ahí, a medida que el balón avanza, las líneas tienen una capacidad enorme de empezar a acelerar el juego con unas asociaciones muy rápidas, sobre todo, en los metros finales. Esos patrones que tiene en su juego, y que vamos a ir desgranando a continuación, no se suelen repetir con frecuencia, sino que van surgiendo nuevos que descolocan al rival. Todo esto debido a la capacidad de Bielsa de analizar cada detalle de los rivales hasta el milímetro, trabajando variantes en sus patrones de juego en función del oponente de turno.

> ## CONCEPTO DE POLIFUNCIONALIDAD
>
> La polifuncionalidad evita estancarse en una posición fija. Hay momentos del juego en los que la movilidad para adaptarse al rival es clave. El jugador participa en un lugar de referencia en el campo, que es donde mejor adapta sus características, pero no le exime de cumplir otras funciones. Bielsa destaca que antes se valoraba más la belleza y las acciones técnicas de los jugadores, pero que el juego ha evolucionado hacia una mayor velocidad y, por ende, movilidad constante de los futbolistas con el fin de conseguir adaptaciones en diferentes zonas del terreno de juego.

PUNTOS CLAVE

- Ataque organizado desde atrás.
- Variedad táctica de sus defensores laterales para salir jugando por derecha o izquierda.
- Mediocampo que se vacía de jugadores y se ocupa con llegadas de la segunda línea o incorporaciones desde atrás.
- Tocar y moverse: todo jugador que da un pase se mueve generando otras opciones.
- La amplitud que ofrece el equipo de mediocampo hacia delante.
- Tienen una gran capacidad para acelerar el juego y combinar en los metros finales.
- Dominio destacado de las transiciones defensivas en presión tras pérdida y ofensivas contraatacando con mucha verticalidad.
- Para Marcelo Bielsa el objetivo del ataque es claro: que sus jugadores lleguen a zonas donde un rival no lo espera.

1.2 SALIDA EN SAQUE DE META

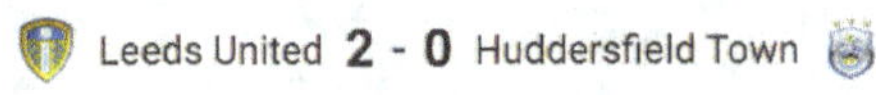

1.2.1 CORTO

El equipo de Bielsa es un equipo que busca el inicio en corto desde atrás, frecuentemente, con calidad de sus porteros en el manejo del balón con los pies y buena disposición de sus jugadores para jugar y arriesgar en ciertos momentos.

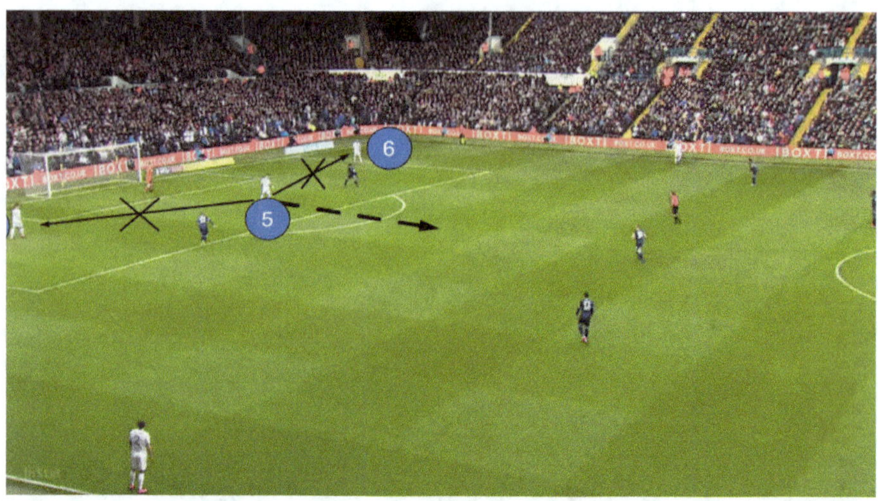

Aquí podemos ver la estructura base que suele plantear Bielsa: posiciona a los dos defensores centrales abiertos pero el izquierdo (6) por fuera del área para permitir que los dos delanteros rivales, que están presionando arriba, se tengan que abrir y separar entre ellos. Ahí es donde puede entrar a recibir dentro el mediocentro, como es en este caso Ben White (5). Al no tener una opción de pase clara, porque los dos delanteros están tapando las líneas de pase, el mediocentro (5) opta por girar y salir en conducción.

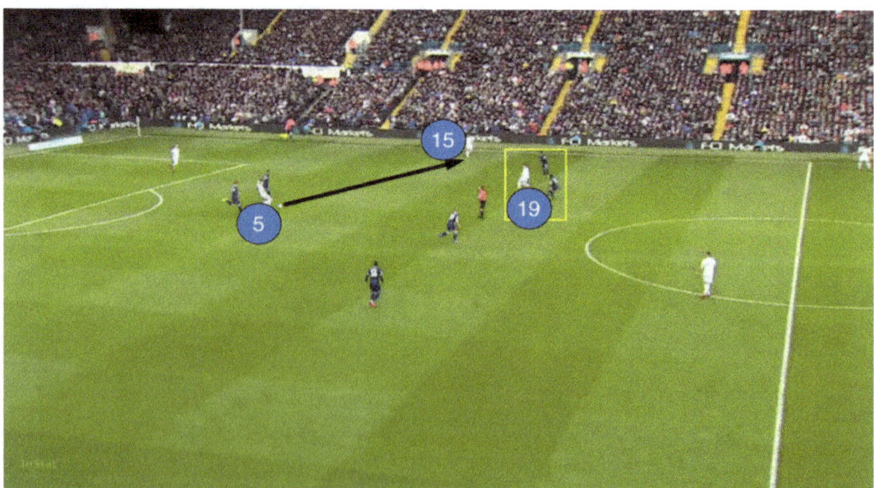

Una vez que sale en conducción va recibiendo, por detrás, la presión de los dos atacantes contrarios que le van cerrando el camino. Aquí aparece el movimiento fundamental de Pablo Hernández (19), interior izquierdo, que retrocede su posición para dar apoyo en la salida y ser un potencial receptor del balón. Esto provoca que los rivales, que vemos marcados en amarillo, se cierren por dentro en busca de Hernández (19) y liberen el pase para el lateral izquierdo Stuart Dallas (15).

Una vez recibido el balón, Dallas (15) es presionado de manera inmediata pero la carrera del rival, desde dentro hacia fuera, le habilita un pase exterior para Jack Harrison (22, extremo izquierdo) que viene en apoyo y con espacios para irse hacia dentro.

1.2.2 LARGO

Las situaciones de juego en largo se dan con menos frecuencia, porque la mayoría de las veces vemos la tendencia del equipo rival de no iniciar, de entrada, una presión muy alta. Esto es debido a que los equipos de Bielsa tienen los mecanismos trabajados para salir de esa presión.

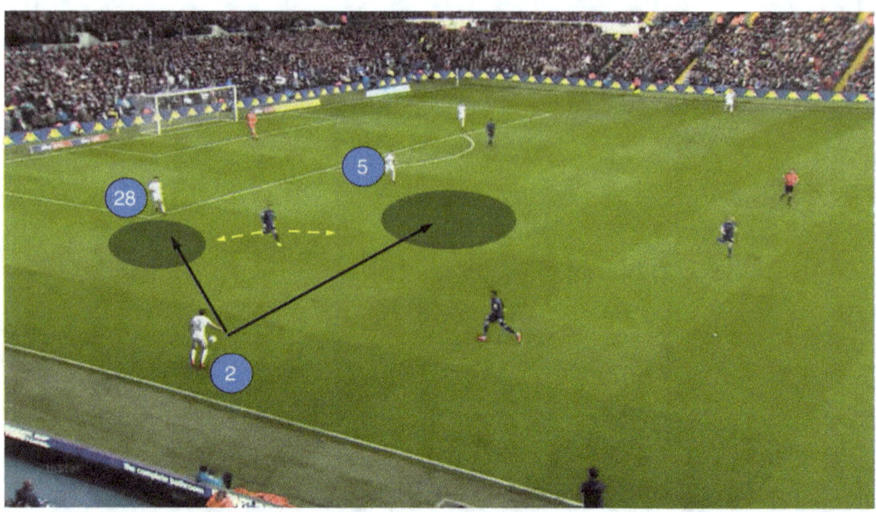

Sin embargo, existen ocasiones en las que el equipo rival inicia una presión alta con los dos puntas, por lo que el balón es lanzado hacia uno de los defensores laterales libres de marca. En este caso Luke Ayling (2), el lateral derecho, quien controla y tiene dos opciones de pase claras; en función del movimiento que elija el delantero rival, tocará hacia atrás para empezar nuevamente la jugada con Gaetano Berardi (28, central derecho) o podrá realizar un pase hacia dentro para Ben White (5, mediocentro), que se posicionará en la zona señalada.

1.3 ZONA INICIO

El conjunto de Marcelo Bielsa es un equipo con una clara tendencia a salir jugando desde atrás. Es la zona del campo donde más pausa le da al juego para luego encontrar espacios y empezar a acelerar en las siguientes zonas.

SITUACIÓN 1: UTILIZACIÓN DEL TERCER HOMBRE ANTE LA PRESIÓN ALTA DEL RIVAL

Aquí aparece un concepto que es utilizado para superar las

líneas de presión del rival. El equipo de Marcelo Bielsa lo utiliza en varias zonas del campo y en diferentes momentos, desplegando distintas variantes de este concepto.

La situación empieza atrayendo rivales hacia la zona contraria a donde se va a realizar la ventaja posicional. El balón, previamente, ha llegado a Ayling (2), el lateral derecho; el movimiento de Ben White (5), el mediocentro, hacia la zona donde se encuentra la pelota, obliga a que el equipo contrario tenga que realizar una gran basculación hacia ese sector y así cerrar los espacios de salida. A partir de ahí, el Leeds vuelve a empezar la jugada con Berardi (28), el central derecho, para realizar todo el giro del balón con el otro central, el izquierdo.

Cuando el balón llega a Liam Cooper (6), el central izquierdo, vemos que el equipo rival está sometiendo al Leeds a una presión alta sobre los cuatro defensores, que tratan de salir jugando. Esta acción genera un espacio a la espalda de esa primera presión para que lo aproveche un jugador de líneas alejadas, en este caso el interior izquierdo Pablo Hernández (19).

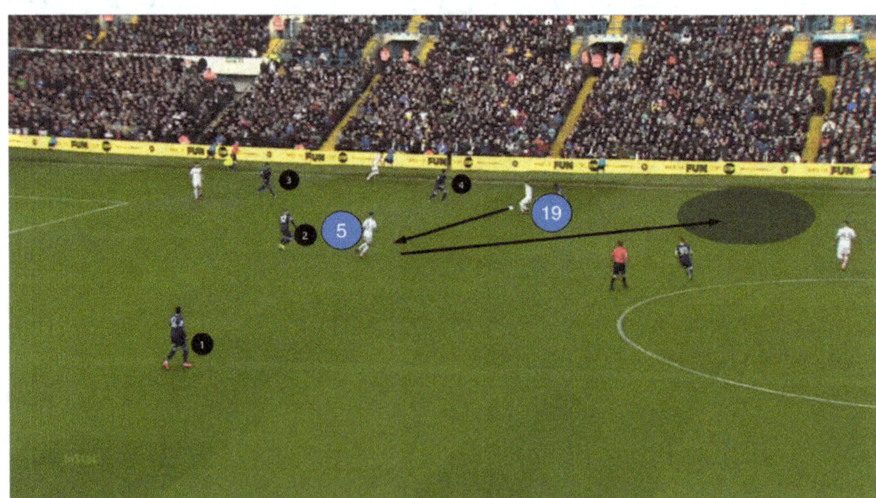

La aparición de Pablo Hernández (19) trae con él la marca de un rival; sin embargo, le da la posibilidad de jugar con el mediocentro (5), que es el jugador que ha estado libre de marca en toda la jugada pero que el equipo oponente ha ido tapando correctamente todas las opciones de pase directas hacia él; entonces, a partir del concepto del tercer hombre, Hernández (19) puede jugar con Ben White (5), habiendo superado la presión inicial de cuatro futbolistas del equipo contrario y con la ventaja posicional para jugar hacia delante mediante espacios libres como el de la zona marcada en la imagen.

En las dos imágenes siguientes vemos una variante con el sello de Marcelo Bielsa, utilizando el tercer hombre entre el extremo y el lateral cuando son presionados arriba.

El equipo rival está ejerciendo una presión alta con dos delanteros. Berardi (28), central izquierdo, se encuentra sometido a una gran presión con dificultades para salir y dar el pase a su compañero más cercano, por lo que realiza un pase a la espalda de esa presión alta en búsqueda de la aparición del extremo (22). Cabe resaltar, aquí también, la posición del mediocentro (23); muchas veces alejado de la jugada, sin opción de participar, pero liberando espacios para su equipo, ya que como podemos ver en la imagen tiene un defensor muy cerca.

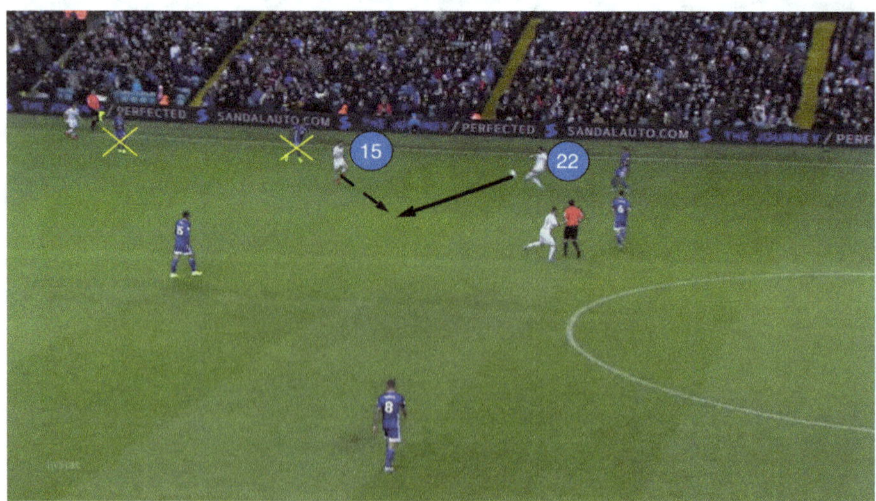

Ese pase hacia Harrison (22, extremo izquierdo) y el movimiento de Dallas (15, lateral izquierdo) hacia dentro, le permite a este recibir totalmente libre de marca y con una perfecta orientación hacia el campo rival.

CONCEPTO DEL TERCER HOMBRE

El objetivo es crear una superioridad posicional, atraer jugadores por medio de la utilización del balón. Hemos de buscar aquellos jugadores que están más alejados para que jueguen de cara con el futbolista más cercano al balón, con la ventaja posicional de haber superado una línea de presión y poder atacar de frente hacia la portería rival.

SITUACIÓN 2: SALIDA CON LOS LATERALES Y PARED INTERIOR CON EL EXTREMO

Esta salida entre lateral y extremo o entre lateral y mediapunta, recibiendo en banda, es un sello de Marcelo Bielsa. Es realizada más de una vez por partido, llevando a cabo perfectamente el *timing* y las variantes. Los laterales del Leeds dominan el poder salir jugando por derecha e izquierda, dando así una variedad de recursos en la salida y dificultando el posicionamiento defensivo rival.

La jugada empieza de forma similar a la que hemos visto anteriormente. Al principio, el Leeds hace un movimiento que puede parecer simple, sin relevancia, pero que es perfectamente estudiado para crear todo lo que vendrá a continuación. El central derecho, Berardi (28), recibe el apoyo del interior derecho (43) que baja su posición a zonas de salida de balón y simplemente devuelve el esférico; ese toque inicial y la posterior devolución provocan la fijación de la atención de cuatro rivales sobre ese pase y la agrupación en un mismo sector del campo. Berardi (28) va a recibir el balón de nuevo y va a encontrar salida cambiando la orientación hacia el sector izquierdo con el defensor lateral (15).

Una vez que Dallas (15, lateral izquierdo) recibe el pase, el equipo de Bielsa comienza a generar la jugada deseada. Ante la presión inmediata, Dallas (15) recibe el apoyo del extremo izquierdo (22), totalmente abierto, dando la máxima amplitud posible para dejar un espacio (delimitado en la imagen) en la zona interior del campo. Dallas (15) toca hacia la izquierda con Harrison (22) y, al mismo tiempo, hace un movimiento contrario al pase, saliendo hacia la derecha; así, el defensor rival primero se encuentra posicionado para tapar una salida por izquierda y rápidamente debe cambiar su orientación corporal para salir hacia el lado contrario, con la dificultad que eso conlleva. En ese momento, Harrison (22) devuelve el balón por dentro al espacio marcado que pasa a ocupar Dallas (15).

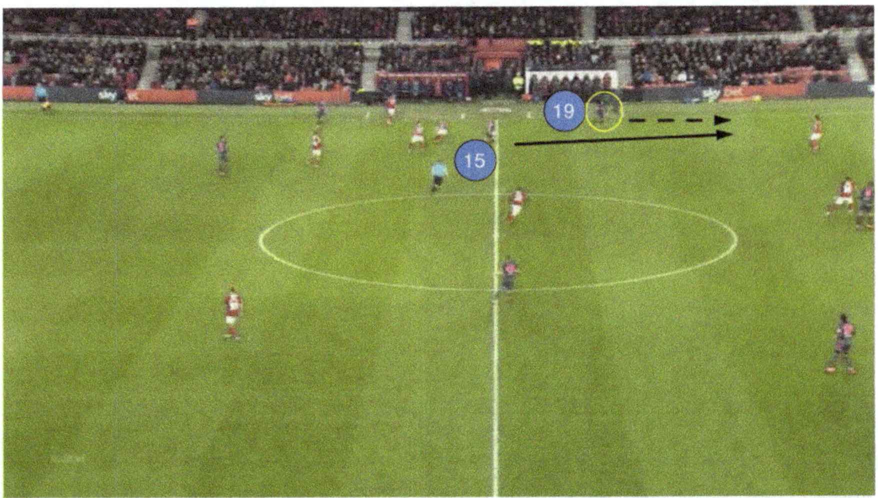

Dallas (15) consigue superar la presión de los dos oponentes de banda. Su rival directo no ha tenido ninguna opción de detenerlo y el lateral contrario queda completamente fuera de la jugada. Únicamente, Dallas ha tenido que sortear la oposición de un rival pero finalmente queda libre y con posibilidad de atacar por fuera ese espacio que ha dejado el defensor lateral contrario. El interior izquierdo, en este caso Pablo Hernández (19), busca moverse a la espalda del lateral que ha salido a presionar a Harrison (22) en la acción anterior, lo que le permite tener mucho campo por delante para progresar.

SITUACIÓN 3: CONDUCCIÓN DE CENTRALES CON EL PIVOTE GENERANDO EL ESPACIO

Cuando los equipos adversarios no realizan una presión muy alta o van a presionar con tan solo una referencia arriba, los centrales dividen mucho la presión de ese delantero y buscan salir hacia delante con una buena conducción que genera la superación de líneas de presión rivales. Análisis sobre el mismo partido que la situación anterior.

Vemos como Cooper (6), el central izquierdo, tiene el balón procedente del otro central y el delantero contrario tapa esa posible devolución, pero deja espacio para la salida en conducción. La jugada está para progresar por el lado izquierdo y Ben White (5, mediocentro) realiza un movimiento de apoyo hacia el otro lado, creando así un arrastre de su marcador que libera espacios para la subida de Cooper (6); en caso de que el oponente elija ir al balón, liberaría a Ben White (5). Lo mismo ocurre con el extremo derecho rival, que tiene que decidir si se queda o si sale a presionar hacia el balón, creando un dos contra uno para que Cooper (6) juegue con el lateral izquierdo con espacios para profundizar.

Cooper (6) avanza y tiene al delantero rival por detrás, que es el jugador que le ha ido siguiendo; con la conducción ha superado una línea de tres oponentes y ha situado a su equipo más arriba. A partir de ahí, Pablo Hernández (19, interior izquierdo) baja para recibir sobre la banda al espacio que ha dejado el extremo rival, debido a la presión que fue a realizar más arriba. Este apoyo de Hernández permite la amplia apertura de la línea de medios del equipo rival, lo que brinda la posibilidad de encontrarse con espacios interiores.

El pase de Hernández (19) tiene como objetivo seguir manteniendo la amplitud del juego y darle la opción al extremo

izquierdo, Harrison (22), de buscar una situación de uno contra uno. Harrison hace uso de su habilidad para salir hacia dentro, ayudado también por la soledad del marcador lateral rival, debido a que la defensa ha quedado muy abierta. Al mismo tiempo, podemos ver la pareja de los mediocentros que quedan muy separados entre ellos y lejos de la línea defensiva.

SITUACIÓN 4: SALTAR CON UNA PRESIÓN ADELANTADA DEL EQUIPO RIVAL CON PASE LARGO

Premier League 2020/2021 • 19 Set 2020

Leeds United **4 - 3** Fulham

Árbitro: A. Taylor

En la Premier League el conjunto de Marcelo Bielsa se enfrenta, cada vez más, a equipos que le plantean una presión muy adelantada para incomodarle la salida de balón en corto que tanto dominan. Sin embargo, el entrenador argentino ha desarrollado variantes para jugar en largo como en el gol que analizaremos a continuación.

Ante un pase en corto sobre el central derecho, Robin Koch (5), el equipo rival inicia una presión alta impidiendo que el jugador pueda progresar o girar hacia su costado natural. Únicamente le queda libre una salida con pase atrás hacia el portero (1) para que este acabe golpeando en largo ante una segunda presión, inmediata, del delantero centro contrario.

El adversario presiona casi de manera individual en todo el campo contrario, lo que hace que el portero busque un golpeo arriba hacia Harrison (22), el extremo izquierdo, que tiene buena envergadura y va a buscar el salto aéreo contra el lateral derecho oponente. Es interesante observar el movimiento del delantero centro, Bamford (9), que busca caer a la espalda de esa zona de banda donde su defensor central no lo llega a seguir. En caso de que Harrison (22) logre conectar con el balón antes que el defensor rival, se creará una situación de dos contra uno en el costado izquierdo del ataque.

Harrison (22) consigue ganar esa disputa aérea con su defensor y deja todo el carril para el delantero centro, Bamford (9), que tiene velocidad al espacio y calidad para dar el último pase. El equipo contrario se encuentra que en dos pases les han llegado a zonas de finalización, están todos pendientes del balón y de replegar para detener el avance del Leeds; por eso, muy inteligentemente, Bamford (9) coloca un balón hacia atrás, rompiendo todo el movimiento de repliegue de la línea defensiva. En ese instante aparece la llegada del extremo derecho, Hélder Costa (17), que va a rematar en la frontal del área para anotar el gol.

1.4 ZONA DE PROGRESIÓN

SITUACIÓN 1: APOYO DE MEDIAPUNTA EN BANDA PARA SALIDA POR FUERA

La movilidad y la amplitud en el juego del equipo es algo que venimos resaltando en el Leeds y lo vemos representado en la siguiente situación de juego.

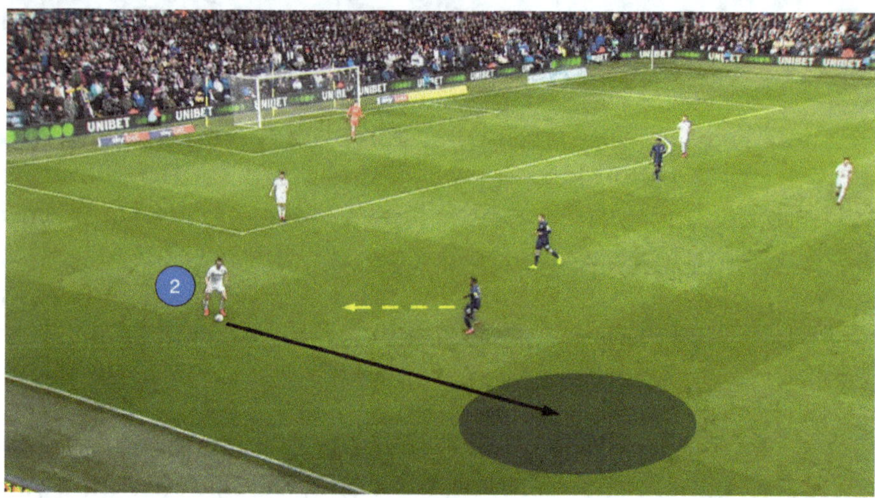

Ayling (2), el lateral derecho, recibe y tiene la presión alta del equipo rival que le bloquea una salida por dentro, ya sea en conducción o mediante un pase. A partir de ahí, Ayling puede optar por volver a empezar atrás con el defensor central o buscar el pase exterior por fuera.

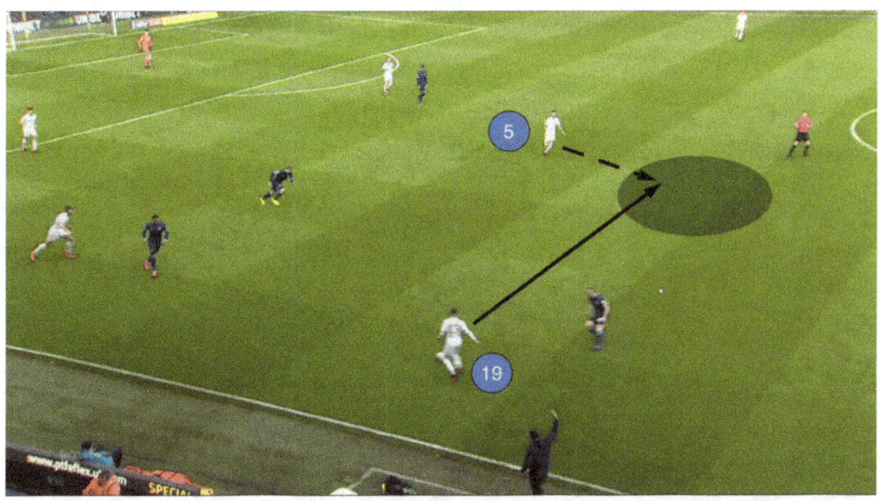

En ese costado aparece Pablo Hernández (19), interior derecho, arrastrando hasta esa zona a un mediocentro rival. Ese arrastre provoca espacios para que Hernández (19) pueda tocar de cara con Ben White (5), el mediocentro. Aquí vuelve a aparecer el concepto del tercer hombre. El equipo adversario se encuentra defendiendo 4-4-1-1 y este apoyo de Hernández (19) genera la superación de la presión alta de los jugadores más adelantados; abriendo por completo, al mismo tiempo, la línea de medios contraria.

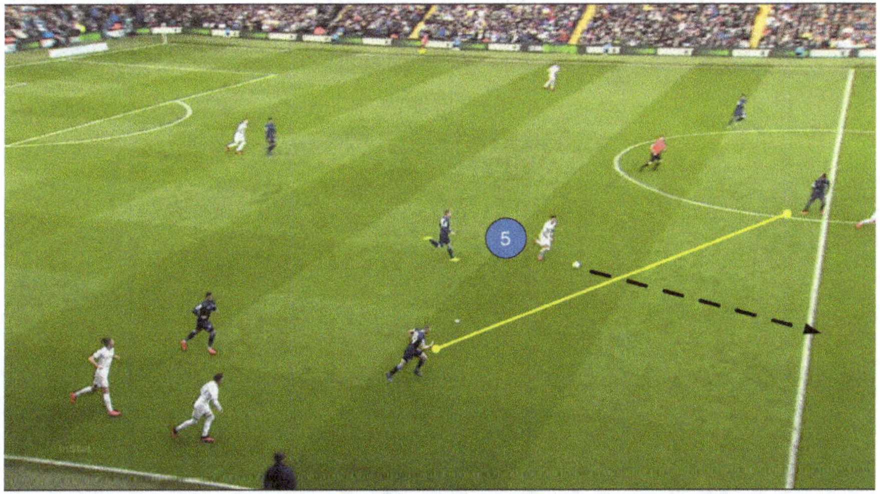

Como podemos ver, la distancia entre los dos mediocentros

rivales se vuelve muy grande; mientras tanto, Ben White (5), con su conducción, supera esa línea entre los dos oponentes. Con dos pases consiguen superar dos líneas defensivas rivales y mediante el juego por afuera encuentran espacios interiores.

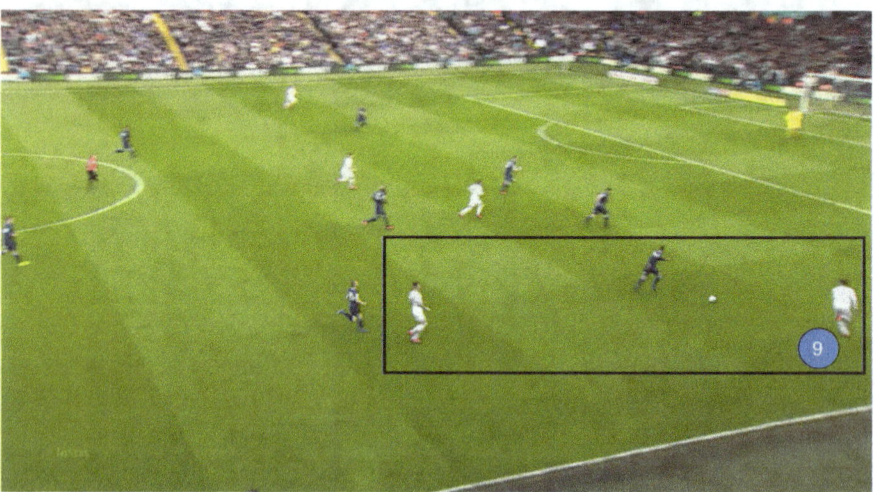

La conducción de Ben White (5) es hacia fuera para buscar una situación de dos contra uno frente al lateral contrario. En este caso, Patrick Bamford (9), que actúa de delantero centro, ha cambiado su posición con el extremo Hélder Costa y aparece en la banda para recibir con espacios.

SITUACIÓN 2: ENCONTRAR AL MEDIAPUNTA ENTRE LÍNEAS DESDE LOS LATERALES PARA PROFUNDIZAR

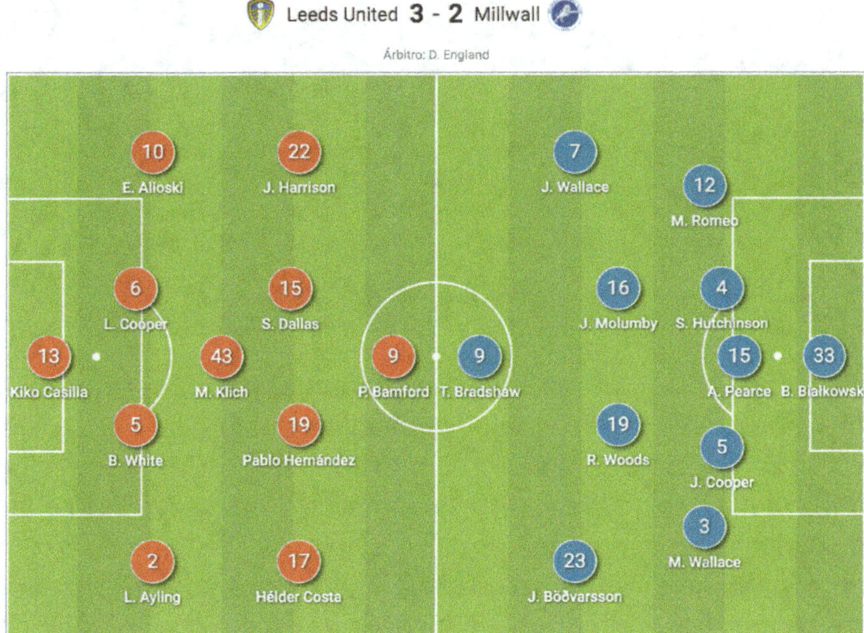

Pese a que es un equipo que intenta dar mucha amplitud a su juego y buscar los pasillos exteriores, también encuentra espacios en los pasillos interiores con sus movimientos entre líneas.

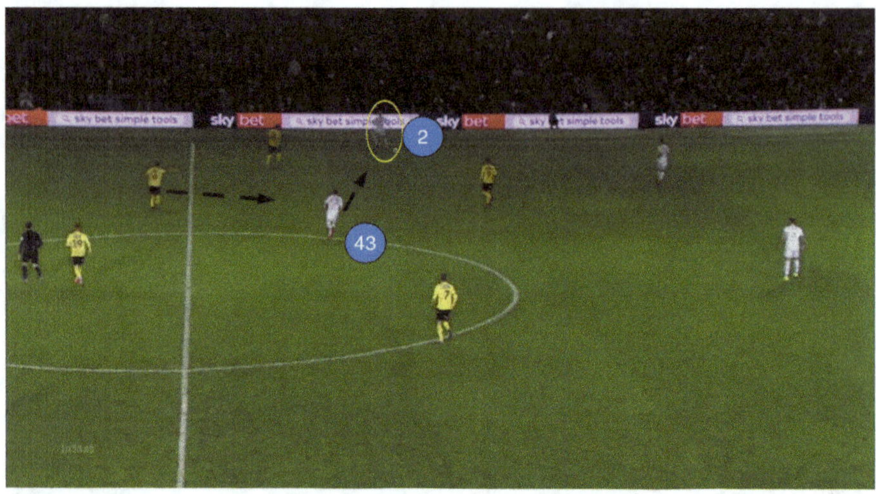

Ayling (2), actuando de lateral derecho, permanece en una posición no muy profunda para recibir y atraer a su marca una vez que controla el balón; al mismo tiempo, Mateusz Klich (43), mediocentro, realiza un desmarque de apoyo entre las dos líneas defensivas rivales para recibir o, en este caso, atraer al mediocentro izquierdo adversario, ya que el delantero centro se queda pendiente de si jugarán hacia atrás para volver a empezar con el defensor central.

Esa atracción de Klich (43) genera que el interior derecho,

Dallas (15), se encuentre libre de marca en el medio, ocupando el espacio que ha dejado el defensor rival que salió a presionar un posible pase con el mediocentro (43).

Dallas (15), al controlar, recibe la presión por detrás de uno de los pivotes rivales que realiza la cobertura de sus compañeros; sin embargo, ya han superado dos líneas de presión y se ha generado una posible ventaja a la espalda del lateral izquierdo rival con espacios para el desmarque de ruptura de Hélder Costa (17, extremo derecho). Todo viene originado del movimiento de Klich (43) de ir a recibir para, a partir de ahí, generar espacios y desequilibrios en las siguientes líneas de ataque.

ENCONTRAR AL JUGADOR LIBRE

La base del juego de posición es ir encontrando espacios entre líneas. Hallar el espacio libre que ha dejado un rival con su movimiento, al ir hacia un jugador nuestro que, a su vez, había recibido libre entre líneas.

Juanma Lillo añade lo siguiente: "Es fundamental que los jugadores jueguen con la intención del contrario; ese es el gran valor, que el rival sienta con tu posición y tu perfil que estás eligiendo cualquiera de los lados de su posible salida".

SITUACIÓN 3: APOYO DEL DELANTERO CENTRO PARA CREAR SUPERIORIDADES

En el conjunto de Marcelo Bielsa tiene gran importancia la figura del delantero centro. No solo en el aspecto goleador, sino también en todo lo que ayuda al equipo en la construcción del juego. Es frecuente verlo situarse entre líneas para servir de apoyo a sus compañeros y crear ventajas numéricas en zonas donde su equipo puede estar en inferioridad; siempre moviéndose con inteligencia y todo eso acompañado a una gran calidad del manejo del balón.

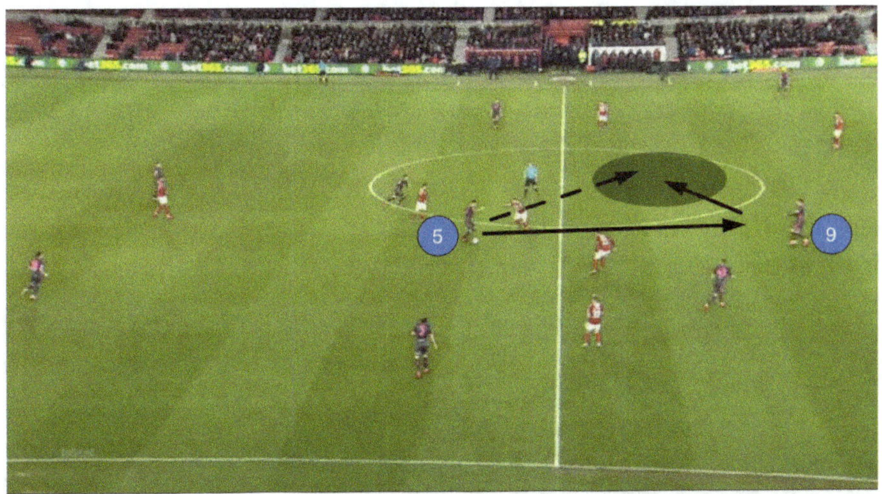

Ante la dificultad del mediocentro, Ben White (5), de poder progresar y de tener una opción de pase clara con alguno de los dos interiores, aparece el apoyo del delantero centro, Bamford (9), para dar salida y seguir con el desmarque, buscando progresar con una devolución a la zona marcada y superando la presión cercana de los dos rivales.

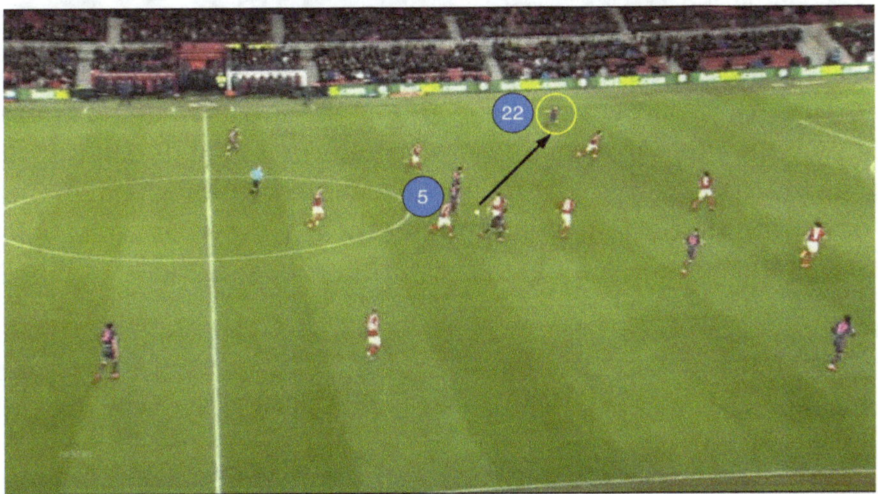

Una vez superada la presión con la devolución del pase del delantero centro (9), el mediocentro (5) se abre espacio para la progresión en conducción y dar amplitud en banda con el

extremo izquierdo, Harrison (22), quien cuenta con opciones de jugar un uno contra uno frente al adversario; además, cabe destacar que un defensor oponente de la última línea ha salido de su zona para defender el apoyo de Bamford (9).

En la siguiente situación de juego vemos la superioridad que crea el delantero centro (9) por las zonas exteriores, también es frecuente que tenga esa movilidad hacia las bandas.

La conducción del extremo derecho, Hélder Costa (17), se encuentra con pocas ventajas ante la persecución de dos rivales y teniendo enfrente al lateral izquierdo, por lo que Bamford (9) se mueve hacia la banda para recibir y dar una salida. A partir de ahí, Hélder Costa (17) puede tocar y moverse al espacio libre sobre la espalda del defensor lateral contrario.

Ante la recepción del balón de Bamford (9), como hemos mencionado, Hélder Costa (17) pasa el balón e inicia el desmarque inmediato, creando una situación de dos contra uno con el lateral izquierdo que no puede llegar a defender y es superado con un pase a su espalda en la zona libre señalada en la imagen.

SITUACIÓN 4: OBTENER SUPERIORIDAD BAJANDO A UN INTERIOR

Siguiendo con el concepto de presión alta de los equipos rivales de la Premier League, la movilidad de los jugadores de los equipos de Bielsa ha de ser más constante para poder crear espacios donde el rival no te lo permite.

En está situación vemos como el central izquierdo, Cooper (6), tiene el balón que anteriormente había recibido del interior derecho, Klich (43), quien ha retrocedido su posición de partida para ayudar en la salida del balón ante las dificultades de poder recibir del mediocentro organizador. Kilch (43), que ya no puede volver a recibir, realiza un movimiento de ruptura para intentar arrastrar la marca del interior derecho rival, De Bruyne, y liberar un espacio para poder salir.

El balón de Cooper llega al lateral izquierdo, Dallas (15), que va a recibir una presión inmediata del extremo rival, que no le deja avanzar; sin embargo, el movimiento de arrastre de Klich (43) ha generado un espacio interior para que pueda aparecer el mediocentro Phillips (23), que recibe un pase horizontal y aclara la salida del balón.

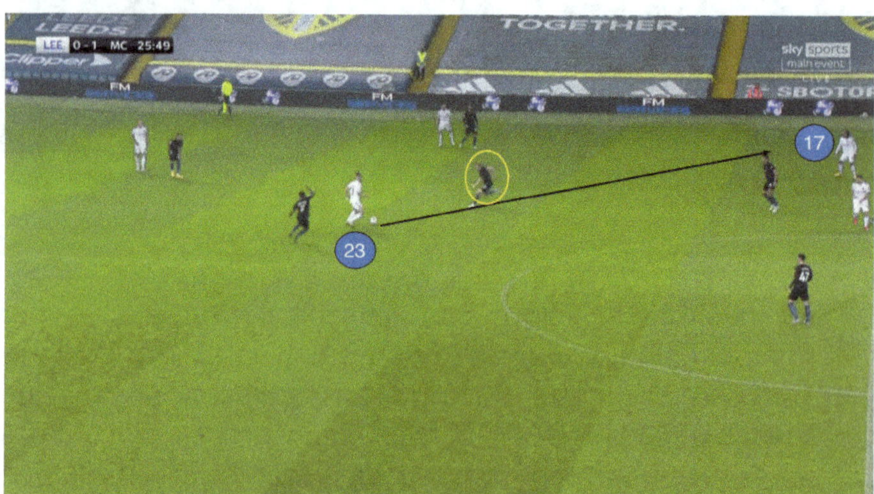

Una vez que recibe, Phillips (23) es presionado por la espalda pero atrae la atención de la siguiente línea que busca contener el avance del equipo rival; por eso, De Bruyne (círculo amarillo) se dirige hacia la zona del balón, dejando un espacio a su espalda que es aprovechado por el extremo derecho, Hélder Costa (17). El portugués (17), en esta acción particular, se ha corrido hacia la banda izquierda con la intención de poder recibir libre, superar dos líneas de presión rival y seguir la progresión en el juego por fuera.

1.5 ZONA DE FINALIZACIÓN

SITUACIÓN 1: CREACIÓN Y OCUPACIÓN DE ESPACIOS POR DENTRO

Los equipos de Bielsa dan mucha amplitud en el juego. En esta acción sobre la banda derecha tiene dos jugadores totalmente abiertos y centra mucho juego por fuera pero, al mismo tiempo, teniendo los recursos para progresar por dentro.

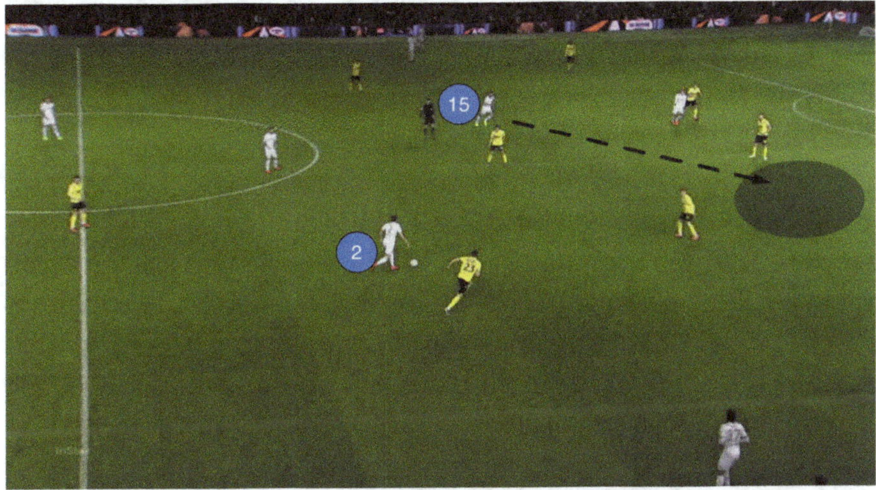

Ayling (2), lateral derecho, le cambia el perfil a su oponente directo que espera que salga hacia la derecha en conducción o tocando; sin embargo, decide salir por dentro, cambiándole al rival su orientación defensiva y superándolo con facilidad. A partir de esa conducción, Dallas (15, interior izquierdo) inicia un desmarque en diagonal hacia la zona del balón para permitir ganar una segunda jugada y abrir una vía de pase sobre el delantero centro (9).

El pase de Ayling (2) va sobre el delantero centro, Bamford (9), y Dallas (15) sigue su desmarque en diagonal al espacio libre. Estos pases y desmarques en diagonal hacen que los defensores rivales tengan que estar cambiando constantemente de orientación corporal respecto a donde se encuentra el balón y donde está el adversario, dificultando mucho ese trabajo debido a la velocidad del juego y a la inteligencia táctica que demuestran los atacantes de Leeds en sus movimientos.

Bamford (9), a un toque, pone un pase que supera a los dos

defensores centrales para que Dallas (15) entre libre y ganando la posición del lateral izquierdo rival; así, queda delante del portero con opciones de marcar un gol.

SITUACIÓN 2: CREACIÓN Y OCUPACIÓN DE ESPACIOS POR FUERA

Hemos visto que los equipos de Bielsa generan por dentro esa ocupación de espacios, pero por fuera es un equipo con mayor dinamismo y constantes desmarques para desocupar zonas que serán apoderadas por compañeros. Seguimos analizando el mismo partido de la situación anterior.

En esta situación recibe abierto el extremo derecho, Hélder Costa (17), con la opción de tener un duelo individual contra su rival más cercano, aunque con poco espacio y con un equipo

adversario que va basculando hacia esa zona. El defensor contrario puede recibir ayuda de forma rápida; por eso, el control de Costa (17) es hacia dentro para apoyarse con Pablo Hernández (19, interior derecho) y dar continuidad a la jugada. El otro interior, Dallas (15), se mueve para fijar la marca del defensor que ha acudido a su ayuda.

Una vez que Costa (17) juega con Hernández (19), se mueve y sigue su carrera en dirección a la portería rival; la idea es muy clara, pasar y moverse, no permanecer estático en un mismo sitio sino crear nuevas opciones de pase y explotar nuevos espacios. El movimiento de Hélder Costa (17) trae consigo el arrastre del lateral izquierdo adversario, acción que genera la creación de un espacio al que se incorpora el lateral derecho Ayling (2). Hernández (19) descarga el balón hacia atrás, asociándose con Klich (43), mediocentro.

Vemos como Hélder Costa (17) ha llevado a su marca hacia zonas muy interiores, dejando un espacio libre para la incorporación de Ayling (2) que se encuentra sin oposición directa, por lo que Klich (43) ve muy claro ese pase filtrado al espacio hacia el lateral derecho.

Ayling (2) recibe el balón y puede ejecutar el centro antes de tener una oposición directa. Bamford (9), el delantero centro, se desmarca entre los centrales adversarios y marca su gol de cabeza.

SITUACIÓN 3: EL CENTRO HACIA ATRÁS

Leeds United **1 - 0** Reading

Árbitro: J. Gillett

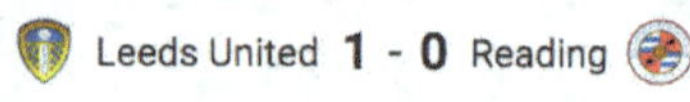

Por banda izquierda existe una opción de centro y dentro del área hay dos posibles referencias con Bamford (9, delantero centro) y Hélder Costa (17, extremo derecho), marcados por los dos defensores centrales rivales, quienes no cuentan con la ayuda del lateral izquierdo que se ha quedado abierto.

Un movimiento buscado, con frecuencia, por los equipos de Bielsa es el arrastre del delantero centro (9) hacia dentro, llevándose a su marca de esa zona, y la entrada al espacio libre del extremo, en este caso de Hélder Costa (17), para buscar el centro raso hacia atrás que suele resultarles exitoso.

SITUACIÓN 4: PAREDES EN BANDA Y LLEGADAS DE SEGUNDA LÍNEA

En algunos puntos anteriores hemos hablado de la gran capacidad que tienen los equipos de Bielsa de acelerar en los metros finales, de tocar muy rápido con apoyos constantes, jugando a uno o dos contactos por futbolista, lo que dificulta enormemente a las defensas rivales.

Hélder Costa (17), el extremo derecho, en la mayoría de los casos recibe el desdoblamiento por fuera de Ayling (2), el lateral derecho, buscando una posible situación de dos contra uno; sin embargo, ante la abertura en amplitud del lateral rival por intentar tapar las zonas exteriores, aparece un intervalo en la línea defensiva para la entrada de Klich (43), interior derecho, que recibe en la zona de cara a la portería contraria.

Klich (43) recibe el balón en el sector entre el central y el lateral izquierdo adversarios y cuenta con la ayuda de Ayling (2) para jugar con él, quien viene a una gran velocidad desde atrás, difícil de parar por algún defensor. Ayling (2) recibe el esférico y de primera saca un envío al área.

Las acciones son tan rápidas que hacen que a la defensa rival le resulte muy difícil acomodarse para poder generar una situación de estabilidad, ya que el balón cambia rápido de jugador y se mueve de zonas modificando la orientación. Hay que destacar la posición de Bamford (9), el delantero centro, que ante estos envíos laterales en diagonal, él intenta situarse entre el central y el lateral más alejados con el objetivo de dejar un espacio para la llegada de Harrison (22), el extremo izquierdo, quien llega completamente libre y sin oposición para poder finalizar la jugada.

1.6 TRANSICIONES DEFENSA-ATAQUE Y ATAQUE-DEFENSA

Cuando el equipo de Bielsa pierde el balón, las transiciones defensivas se basan en presiones inmediatas; en caso de ser superados, realizan repliegues a una alta velocidad y con un gran nivel de compromiso de todo el equipo. Lo mismo sucede en las transiciones ofensivas, es un conjunto con una gran capacidad para acelerar las jugadas; cuenta con mucha velocidad en sus atacantes, que eso viene unido a los automatismos y la inteligencia táctica para resolver con éxito las situaciones. En ciertos momentos pueden llegar a triturar a la defensa rival con la verticalidad que imponen en sus transiciones. A modo de ejemplo, dejamos un video con dos situaciones en las que, en primer lugar, podemos ver un repliegue defensivo vertiginoso del equipo donde de una situación de inferioridad inicial, de cuatro atacantes contra tan solo un defensor, consiguen acabar llegando a marcar siete jugadores más al borde del área y terminan resolviendo con éxito la situación.

La segunda situación es una transición ofensiva donde son peligrosos cuando roban un balón en el mediocampo y, a partir de ahí, se activan de inmediato con desmarques de ruptura a la espalda de un primer jugador y con llegadas por el lado contrario para, en un segundo pase con un cambio de orientación, sorprender a la defensa. Esto ocurre porque la tendencia defensiva del adversario es la de replegarse hacia la zona del balón, mientras que el equipo de Bielsa siempre buscan realizar algún desmarque por el lado contrario.

CAPÍTULO 2

ROBERT MORENO

2.1 INTRODUCCIÓN

Robert Moreno ha impuesto en sus conjuntos una dinámica de juego atractiva con riqueza táctica, adaptando al equipo a los diferentes partidos que le ha tocado jugar y con mucha variabilidad en su estructura ofensiva. El esquema 4-3-3, a raíz de la flexibilidad con la que cuenta, pasa a transformarse, en muchos momentos del juego, en un sistema 4-4-2 en formato de rombo con la idea de que los extremos tengan la capacidad de venir por dentro y los laterales sean profundos. En el Monaco hemos visto más asiduamente ese 4-4-2 en rombo, marcado por las características de su equipo que cuenta con buenos centrocampistas por dentro; como así también por la capacidad de sus delanteros, teniendo unos jugadores que vienen bien en apoyo y otros que saben aprovechar los espacios con desmarques de ruptura.

PUNTOS CLAVE

— Salida organizada desde atrás con una salida muy clara en fase de inicio.

— Buena capacidad de encontrar a los jugadores libres.

— Buscan tener un dominio de la zona central del juego

con superioridad posicional y numérica.

– Laterales profundos con vocación ofensiva.

– Acumular pases y jugadores en una zona para, posteriormente, atacar el lado débil con un cambio de orientación.

– Ocupación de intervalos. Jugadores posicionados entre adversarios de una misma línea y entre líneas.

– Los puntas fijan arriba a la defensa rival.

2.2 SALIDA DEL SAQUE DE META

2.2.1 CORTO

Los equipos de Robert Moreno buscan, con su saque de meta, iniciar en corto si así se lo permite el rival, tomando riesgos en algunas ocasiones; pero si no es una acción de salida muy clara, deciden jugar en largo.

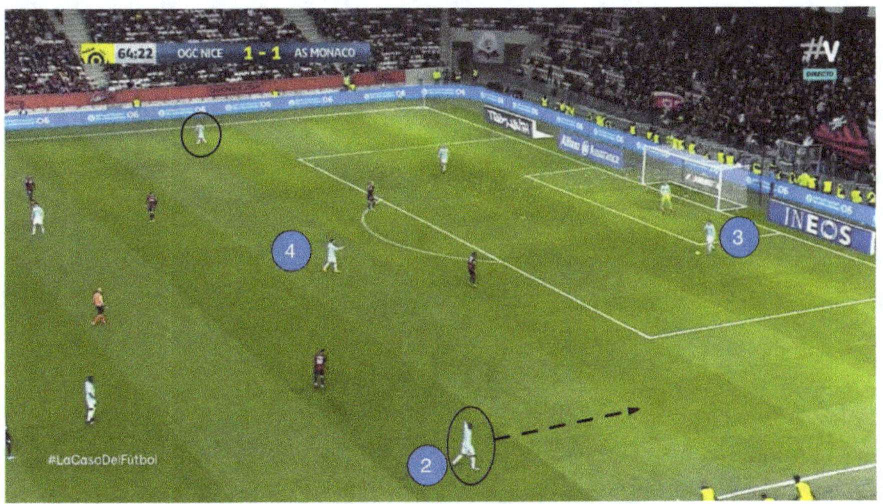

Vemos la estructura de los dos centrales por delante del área pequeña. El que no tiene el balón permanece, ligeramente, más abierto para dividir a los dos delanteros rivales. La altura de los laterales es distinta; por el lado donde se inicia la salida, el lateral izquierdo Fodé Ballo-Touré (2) se posiciona más profundo y, a partir de ahí, puede generar espacios para que Guillermo Maripán (3), central izquierdo, progrese con el balón. Luego, retrocede su posición al no encontrar pase con Cesc Fàbregas (4), mediocentro, ganándose el espacio que había dejado atrás para poder recibir alejado de un oponente.

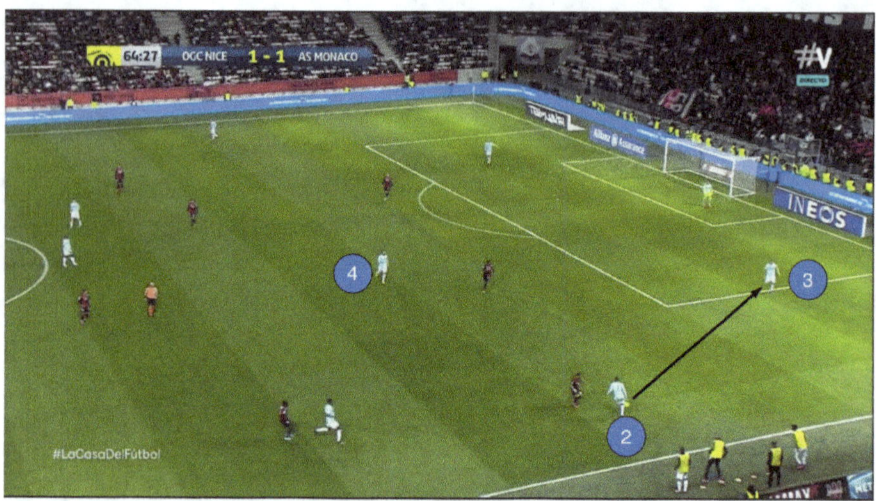

Ballo (2), al recibir el pase, es acosado por un marcador y no tiene opción ni de progresar con balón ni de jugar con Fàbregas (4), que tiene cerca a un rival; por eso, busca de nuevo iniciar atrás con Maripán (3) y así hacer que el equipo contrario se despliegue hacia delante para, posteriormente, encontrar espacios entre líneas.

Maripán (3) recibe y toca hacia atrás con el portero, jugador libre, haciendo que el rival presione hacia adelante y libere a

Fàbregas (4), quien recibe solo y juega con Maripán (3). El 3 es ahora el jugador que queda sin marcas, ya que el delantero adversario fue a presionar sobre el portero, y tiene el campo despejado para progresar con el balón en búsqueda de superioridades con el lateral o futbolistas de las siguientes líneas.

2.2.2 LARGO

Vemos con menos frecuencia las situaciones en largo, debido a que buscan la salida organizada desde atrás. Cuando intentan jugar en largo puede darse la situación de que busquen, en un golpeo medio, a los laterales que están en amplitud; o golpear el balón bien arriba hacia las bandas, tratando de encontrar las referencias de sus delanteros.

2.3 ZONA INICIO

Sus equipos tienen facilidad y claridad para salir jugando desde atrás, con muy buenas prestaciones en la zona de inicio.

SITUACIÓN 1: SALIDA CON EL MEDIOCENTRO ENTRE CENTRALES ANTE UNA PRESIÓN ALTA RIVAL

En situaciones en las que el equipo rival ha presionado alto con dos delanteros, buscando bloquear a los dos defensores centrales para que no tengan una salida clara, es cuando aparece uno de los pivotes para ayudar y crear superioridad.

Fàbregas (4, mediocentro), que ha recibido el balón de Kamil Glik (25, central derecho), con su control orientado y pequeña pausa fija la atención del segundo delantero que va ligeramente hacia él sin tapar línea de pase hacia el central izquierdo (3), creando así la opción de estar en inferioridad dos contra uno y permitiendo a Maripán (3, central izquierdo) poder recibir el balón con ventaja para progresar. Pese a que Fàbregas (4) vaya a recibir atrás, en el mediocampo siguen teniendo superioridad tres contra dos, debido al esquema posicionado en rombo.

Al recibir Maripán (3), el central izquierdo, sale hacia delante en conducción. Tiémoué Bakayoko (6), situado como interior izquierdo pero en el formato de rombo, hace un movimiento hacia el lado contrario al balón para alejarse de su marcador, permitiendo que el interior derecho rival salga a tapar el avance de Maripán (3) y libere a Bakayoko (6), quien recibirá por dentro en una situación de dos contra uno. Vemos claramente que el equipo de Moreno logra superioridad en el carril central.

Bakayoko (6) recibe libre, mientras el mediocentro adversa-

rio ni temporiza ni aguanta ante una posible inferioridad por dentro sino que decide salir hacia delante y tapar el avance del balón; sin embargo, sale tarde, lo que provoca que Bakayoko (6) toque de primera hacia Youssouf Fofana (22) que ha quedado libre como enlace en la punta del rombo.

SITUACIÓN 2: SALIDA CON EL MEDIOCENTRO O EL INTERIOR EN BANDA

Esta situación puede venir derivada de una variante en la salida de balón, como hemos visto en la situación anterior, en la que buscan tener superioridad comenzando desde atrás.

A partir de la presión alta de dos rivales, el equipo de Moreno realiza una salida con tres futbolistas. En este caso, el mediocentro derecho, Fofana (22), se mueve para recibir en posición de lateral derecho; cuenta con espacios para progresar, ya que Benjamin Henrichs (39, lateral derecho) se ha posicionado muy profundo y, de entrada, el equipo adversario no cambia las marcas. Al mismo tiempo, el extremo contrario (marcado en amarillo) se gira pendiente del jugador que inicialmente tenía que defender, generando un camino para la progresión con balón de Fofana (22), quien fijará oponentes una vez superada la primera línea de presión de los dos atacantes contrarios.

Fofana (22) ha ganado muchos metros respecto a la situación inicial y ha fijado la atención del mediocentro izquierdo y del extremo izquierdo, quien ya ha dejado de estar pendiente de Henrichs (39). Henrichs, con su posición muy abierta y profunda, hace salir de la zona del balón al lateral izquierdo contrario, provocando que el oponente no cubra el espacio interior donde aparece, entre líneas, el delantero Islam Slimani (20).

Una vez que ha recibido el balón, Slimani (20) tiene espacio para girar debido a que han superado la línea de medios adversarios. El delantero (20) progresa en búsqueda de la fijación de la marca del rival, en este caso del central izquierdo, que es el que va a estar pendiente de salir sobre él. Esta acción le permitirá a Slimani (20) enviar el pase a la espalda del oponente para que Ben Yedder (9), su compañero de ataque, realice un perfecto desmarque de ruptura entre los centrales contrarios.

SITUACIÓN 3: SALIR JUGANDO A LA ESPALDA DEL QUE TE PRESIONA

Uno de los conceptos clave es ir encontrando al hombre libre en función de los jugadores rivales que van saliendo a presionar a quien tiene el balón; así, se liberan espacios y compañeros para que puedan recibir.

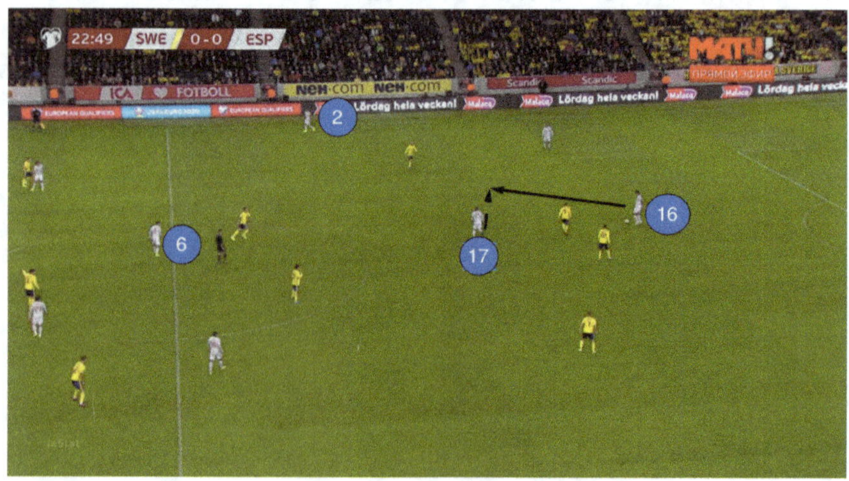

Rodri (16), el mediocentro, recibe el balón con los dos delanteros rivales por delante de él; por eso, orienta su movimiento hacia uno de ellos, fijando su posición; teniendo a Fabián (17, interior derecho) más retrasado, se genera una situación de dos contra uno frente al delantero adversario que sale enfocado hacia el balón y no cubre la línea de pase a su espalda. En la punta del rombo queda Ceballos (6, enlace), quien entretiene a su marcador más cercano, el cual tarda en salir a presionar; mientras tanto, Carvajal (2, lateral derecho) brinda una amplitud total al juego para ofrecer una posible recepción y, a su vez, alejar a su marca de la zona central donde está el balón.

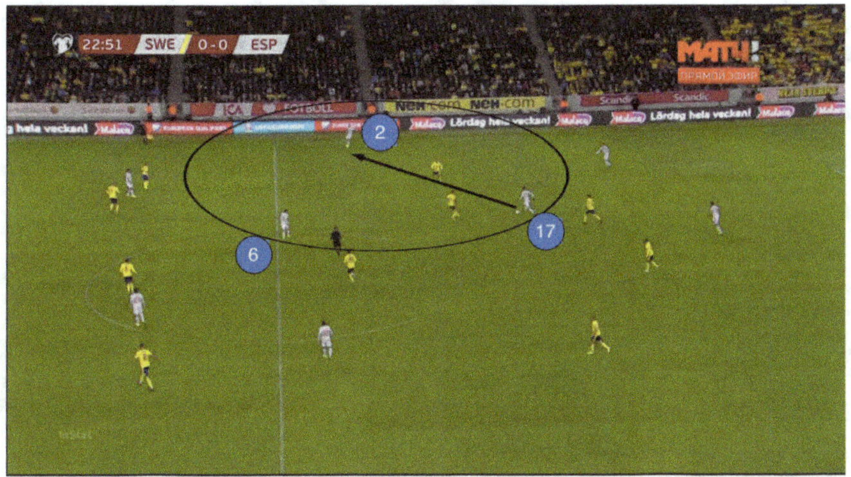

Al recibir Fabián (17, interior derecho), se crea una zona de superioridad numérica tres contra dos; contando, también, con un posible apoyo del central derecho (3, Albiol) para tocar hacia atrás y empezar nuevamente la jugada desde el fondo. A partir de que Fabián (17) recibe el balón, automáticamente sale el mediocentro rival izquierdo (8) a presionarlo, liberando a Ceballos (6, enlace); el extremo izquierdo adversario (10) también se va hacia dentro dejando libre de marcas a Carvajal (2), quien será el receptor del próximo pase.

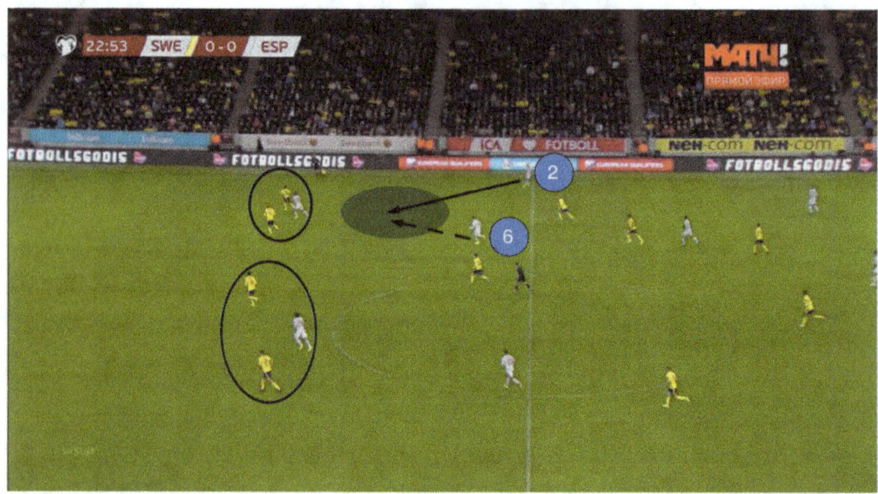

Una vez que Carvajal (2) domina el balón, tiene espacio para progresar y tocar con Ceballos (6), quien había empezado la jugada con pocas opciones de recibir. Cabe destacar la participación de los dos delanteros españoles (21 y 9), quienes fijan a la línea de cuatro defensas; uno se situa entre el central y el lateral izquierdos, logrando que no vayan a presionar a Carvajal (2) o Ceballos (6); mientras el otro se posiciona entre el central y el lateral derechos.

Ceballos (6), al recibir el pase, puede crear una situación de dos contra dos con el delantero más cercano o, también, puede generar una acción de superioridad numérica por fuera en caso que Carvajal (2) siga la jugada y progrese.

2.4 ZONA PROGRESIÓN

SITUACIÓN 1: ACUMULAR GENTE DENTRO Y VACIAR LAS ZONAS EXTERIORES PARA OCUPARLAS CON UN DESMARQUE

Los equipos de Moreno buscan tener controlada la zona central, intentando lograr superioridades. Aquí veremos un ejemplo de cómo transforman esa superioridad por dentro hacia zonas exteriores.

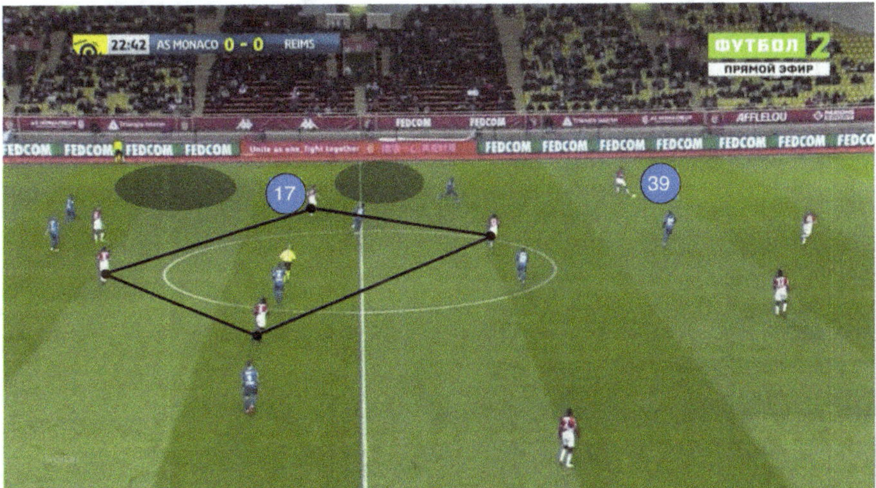

Al recibir el lateral derecho, Henrichs (39), se observa el rombo formado en el mediocampo, el cual ofrece opciones de superioridad por dentro pero con espacios por fuera en las zonas marcadas. Henrichs (39), al recibir, tiene dos opciones claras de pase para progresar; por un lado, cuenta con el apoyo de uno de los pivotes que se acerca a recibir; por otro lado, aparece Aleksandr Golovin (17), extremo derecho, que inicia un desmarque hacia fuera a raíz del espacio libre generado, gracias al movimiento de uno de los mediocentros rivales que salió a presionar hacia delante.

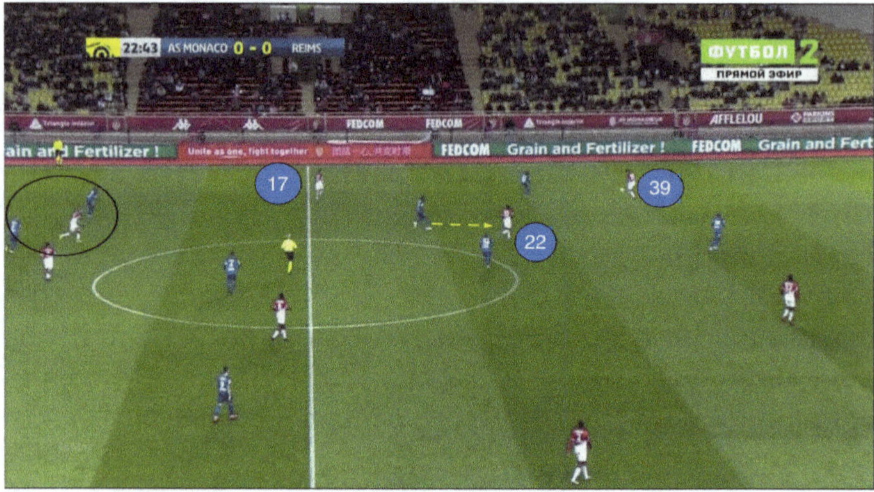

Henrichs (39) encuentra salida con el desmarque de Golovin (17), que comenzó jugando de extremo pero se viene por dentro, constantemente, formando ese rombo mencionado. Al mismo tiempo, los movimientos de Golovin resultan bastante difíciles de detectar, provocando que la defensa rival no tenga un marcador sobre él. El mediocentro contrario decide salir hacia delante a defender el pase cercano con Fofana (22), el otro pivote, lo que genera la liberación de Golovin (17); también ayudada por el trabajo de uno de los delanteros (20) que, con su posición entre central y lateral, sujeta a los defensores oponentes evitando que salgan a perseguir a Golovin.

Golovin (17) recibe el balón y es presionado por el lateral izquierdo rival, que es su marcador natural. En ese momento, busca la prolongación para Slimani (20), delantero, que rompe ese intervalo entre central y lateral a la espalda.

SITUACIÓN 2: ATACAR EL LADO DÉBIL TRAS ACUMULAR EN UN COSTADO

Una de las características de los equipos de Moreno es que buscan atraer al rival a un costado del campo para luego salir jugando por el otro costado, el débil, donde la densidad de jugadores rivales será menor.

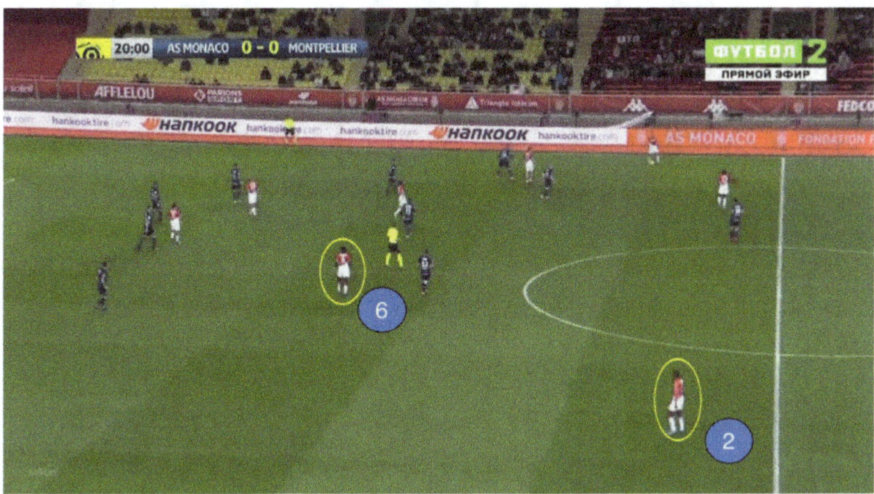

Al recibir, el lateral derecho del Monaco se encuentra con que el equipo rival se ha ido juntando en su basculación hacia esa zona del campo. En el lado opuesto, tanto Ballo-Touré (2) como Bakayoko (6) están preparados para iniciar un ataque una vez que el equipo efectúe un cambio de orientación hacia esa zona, que tiene menos jugadores rivales.

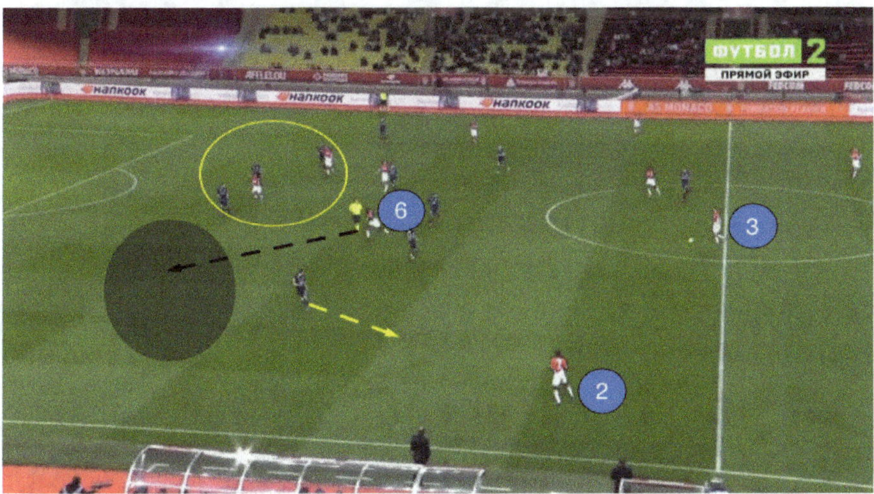

Ante el giro de balón entre centrales, Maripán (3), central izquierdo, avanza con la pelota y se crea la opción de un pase al espacio a la zona marcada. El equipo adversario juega con tres defensores centrales, que están referenciados por los dos delanteros del Monaco; y con un lateral derecho que es el que tiene la intención de saltar sobre Ballo-Touré (2), intuyendo un posible pase de Maripán (3) hacia fuera y dejando un mayor espacio para el desmarque de ruptura de Bakayoko (6) a una zona donde no pueden llegar las ayudas defensivas. Es importante el pequeño engaño que hace Maripan (3), tratando de orientar hacia fuera para sacar aún más de zona al lateral derecho contrario.

Bakayoko (6) recibe libre, en ese espacio vacío, sin que la ayuda de los defensores centrales pueda llegar rápido al ser referenciados por los dos delanteros. A partir de ahí, Bakayoko (6) tiene la opción de progresar hacia delante y de buscar las referencias en el área de los atacantes Ben Yedder (9) y Slimani (20).

SITUACIÓN 3: SUPERIORIDAD EN EL MEDIO CON LA POSICIÓN DEL DELANTERO EN EL ROMBO

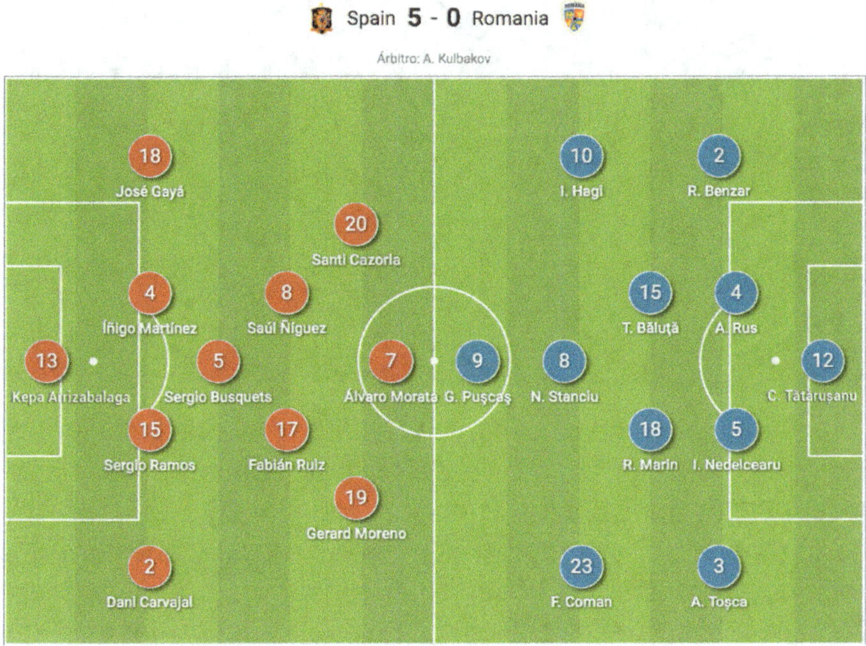

Como la tendencia de los equipos de Robert Moreno es la de dominar la zona central, en ciertos momentos, se posicionan con un rombo en el mediocampo y dos delanteros con movilidad; también, proponen para eso un esquema 4-3-3, donde el delantero centro, o uno de los extremos, busca situarse en esa punta del rombo para crear superioridad en el medio.

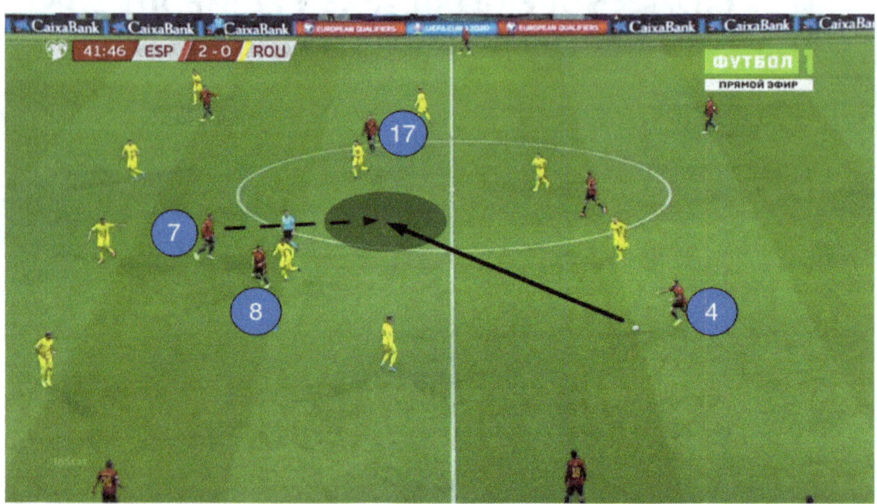

En la imagen vemos la subida de Íñigo Martínez (4), central izquierdo; a partir de ahí, la defensa de Rumania tiene controlados por dentro a los interiores Fabián (17) y Saúl (8), que actúan de interiores en el 4-3-3. En ese espacio, entre los dos mediocentros (15 y 18) del equipo rival, es donde aparece Morata (7, delantero centro) para crear la superioridad en esa zona y dar una salida al equipo.

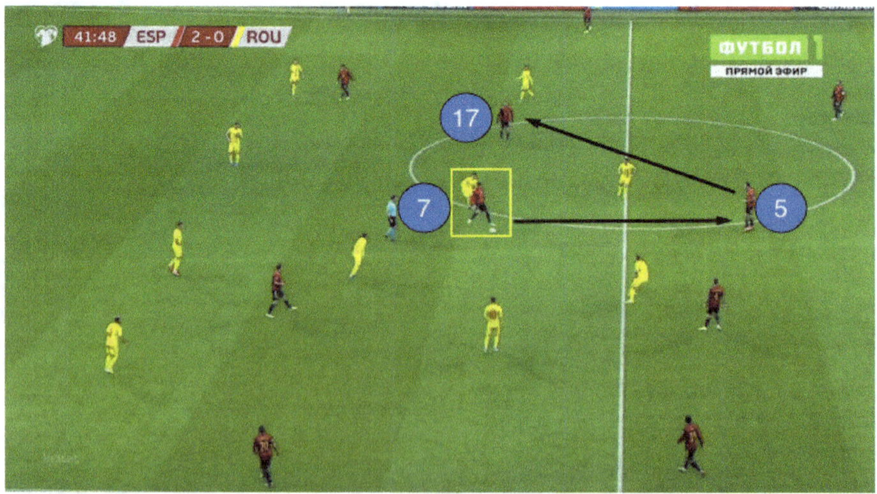

Morata (7), acercándose, no arrastra ningún defensor central pero consigue atraer la marca del mediocentro izquierdo que estaba con Fabián (17), siendo este ahora el jugador que queda libre y que pueden encontrar tras un pase de cara con Busquets (5), el mediocentro.

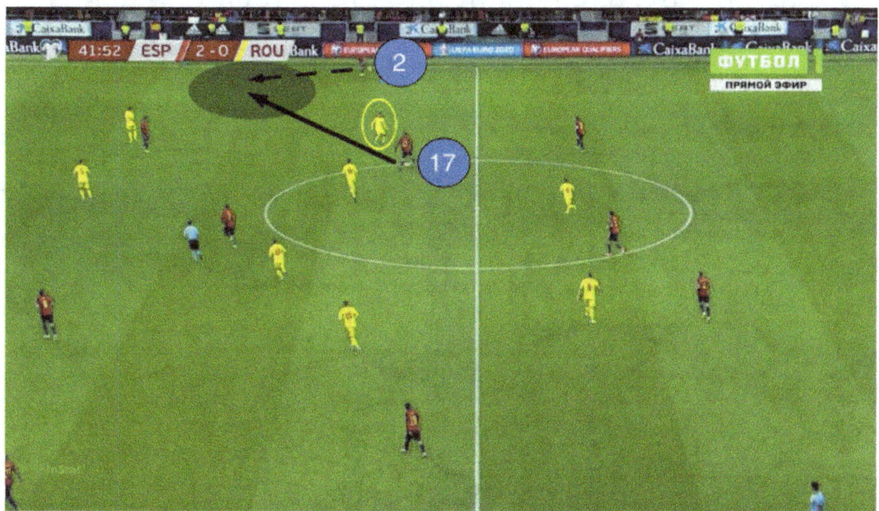

La recepción de Fabián (17), libre de marca al inicio, atrae al extremo izquierdo contrario que estaba más alejado de la jugada, liberando espacio por fuera para la subida de Carvajal (2, lateral derecho). Cabe destacar el posicionamiento del extremo derecho del conjunto español (19) que va hacia dentro, colocándose entre el central y el lateral oponentes; de esta manera, permite dejar aún más campo libre para Carvajal (2). La jugada sigue avanzando por ese costado derecho y, tras un cambio de orientación hacia el lado izquierdo, acaba en gol.

SITUACIÓN 4: APARECER EN LÍNEAS ALEJADAS PARA CREAR ARRASTRES ANTE UN EQUIPO REPLEGADO

Analizaremos, basándonos en el mismo partido que la situación anterior, un recurso utilizado por Robert Moreno ante equipos que se repliegan en el propio campo y que juntan muchas líneas, sin dejar espacios para la progresión en el juego.

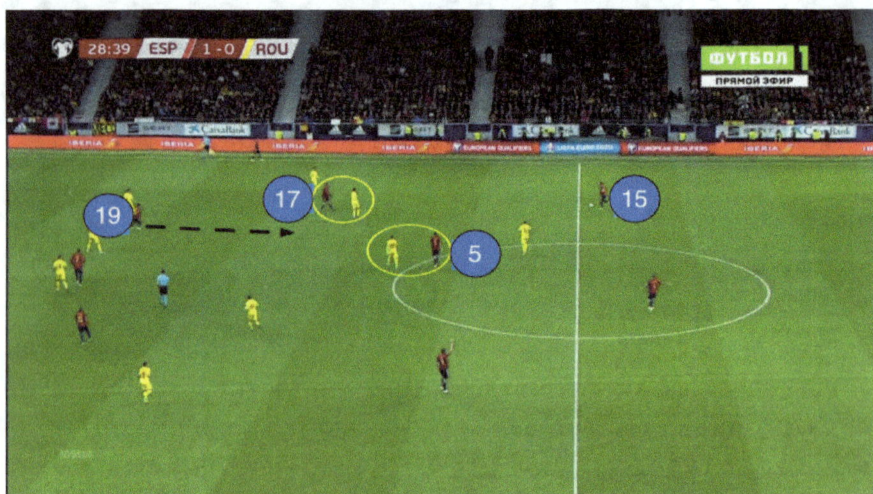

Sergio Ramos (15, central derecho) sube con el balón en su poder mientras las dos referencias más próximas, Busquets (5, mediocentro) y Fabián (17, interior derecho), se encuentran con un marcaje individual muy cercano que les dificulta recibir cómodos. A la espalda de esa línea de presión queda un espacio difícil de defender y que puede ser ocupado por un jugador de la línea más lejana; es el caso de Gerard Moreno (19), extremo derecho, que parte de zonas interiores y realiza ese apoyo para recibir de Ramos (15).

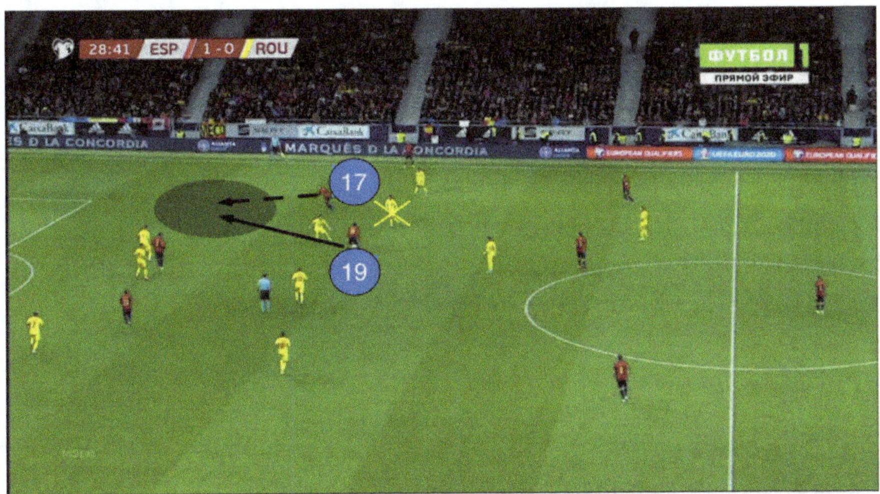

El movimiento del extremo derecho (19) para recibir, trae consigo el arrastre del lateral izquierdo rival que lo sigue y genera un espacio a su espalda; ese hueco es aprovechado por el interior derecho (17), quien realiza un desmarque de ruptura a la zona vacía que ha dejado el defensor adversario. El oponente que estaba sobre Fabián (17) queda anulado, ya que se gira sobre el balón y pierde la referencia del desmarque a su espalda.

Al recibir Fabián (17), el delantero centro Morata (7), situado

entre los centrales de manera inteligente, tira un desmarque a la espalda para poder recibir en una posible acción de dos contra uno frente a ese defensor. Otra alternativa es que Morata (7) arrastre al central más alejado, dándole la opción a Fabián (17) de ir hacia dentro para que finalice con un tiro a portería; o también, el delantero centro (7) podría buscar un cambio de orientación al lado izquierdo, aprovechando una línea defensiva contraria muy basculada hacia el sector derecho.

2.5 ZONA DE FINALIZACIÓN

Llegamos a la fase final de la progresión en el juego, unas zonas ocupadas con una gran cantidad de jugadores y con movimientos muy bien trabajados.

SITUACIÓN 1: MOVIMIENTOS ENTRE INTERVALOS DEFENSIVOS

Los atacantes de los equipos de Moreno se sitúan, constantemente, en posiciones entre los jugadores rivales; así, evitan que puedan tener una referencia clara en un marcaje sobre ellos; a partir de ahí, los futbolistas se van moviendo en función del balón y de los espacios que va cerrando el equipo rival.

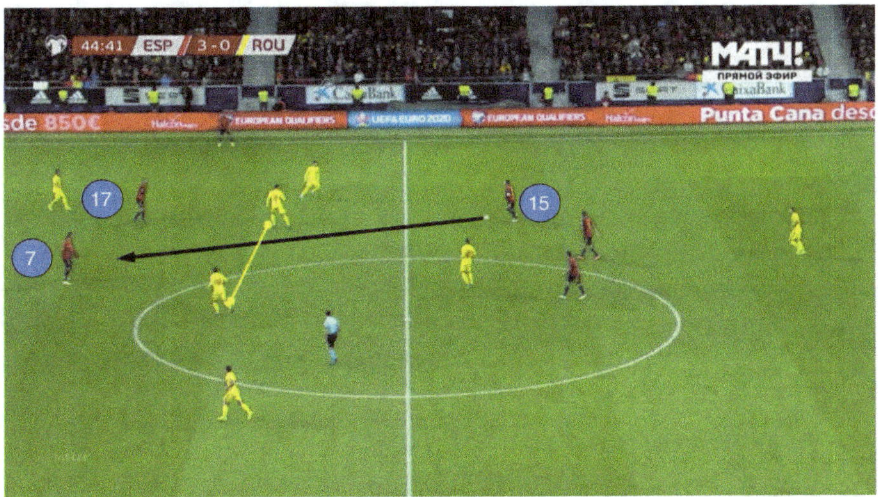

Analizamos el mismo partido que el caso anterior. La situación ofensiva empieza con Sergio Ramos (15, central derecho) avanzando con balón, siempre buscando fijar la atención de la siguiente línea; mientras tanto, Morata (7, delantero centro), que será el receptor del pase, está ubicado con espacios a la espalda de los mediocentros rivales, en el intervalo que se crea entre ambos. Fabián (17, interior derecho), con su posicionamiento, atrae al mediocentro izquierdo a cubrir esa línea de pase y aumenta la apertura entre ambos pivotes adversarios.

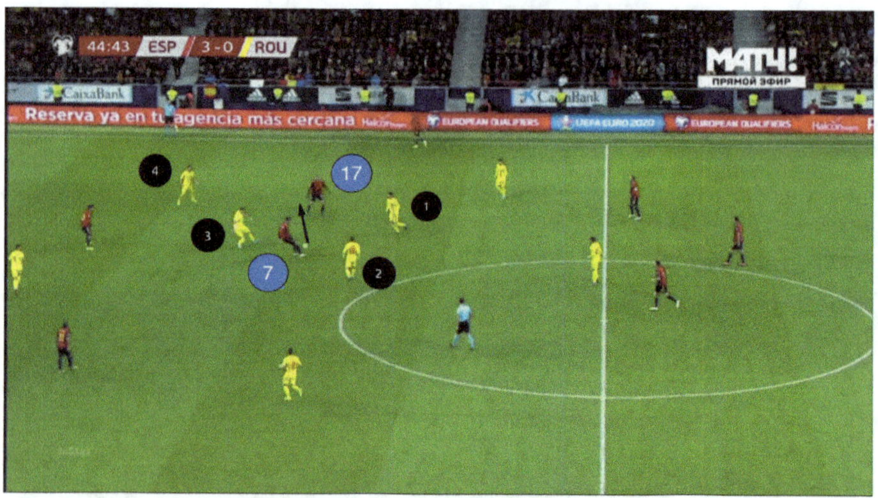

Morata (7) recibe y juega de cara con Fabián (17), aplicando el concepto del tercer hombre. Pese a estar en inferioridad numérica y rodeados de cuatro contrarios, en poco espacio consiguen recibir en una zona muy difícil de defender; ya que, por un lado, la línea de medios no puede terminar de retroceder porque Ramos (15) venía progresando con el balón; por otro lado, la línea defensiva no puede salir a esa zona intermedia por la amenaza que puede suponer un balón a su espalda. La recepción de Morata (7), también, obliga al central izquierdo oponente a salir de su zona para presionarlo.

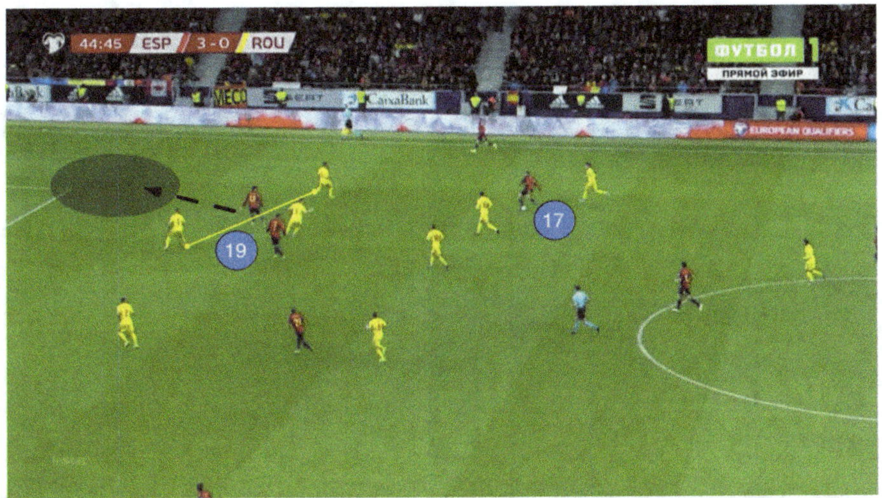

Fabián (17) recibe el balón y Gerard Moreno (19, extremo derecho) se ubica, entre el central y el lateral izquierdo rival, en búsqueda del desmarque de ruptura al espacio. Pese a seguir en inferioridad numérica, obtienen ventaja debido al correcto posicionamiento.

ZONAS INDEFENDIBLES

Son las zonas que se generan en la posición que estaba Fabián (17) en la primera imagen: a la espalda de la línea de mediocampistas, entremedio de ellos y de la línea defensiva. Resulta de gran dificultad de poder defenderla para el adversario, ya que es complicado decidir qué jugador es el que sale a marcar en esa zona y en qué momento. Los medios están pendientes de los jugadores que vienen en conducción del balón; pueden tapar líneas de pase, sin embargo un toque hacia uno de los costados y la posterior devolución para jugar hacia dentro con el hombre libre, les generará la pérdida de su posicionamiento. Por otro lado, si la línea defensiva sale a evitar ese pase, corre el riesgo de que jueguen a sus espaldas.

SITUACIÓN 2: DESMARQUE DE APOYO DE UNO DE LOS DELANTEROS Y RUPTURA AL ESPACIO DEL OTRO

La pareja de delanteros busca, continuamente, movimientos contrarios entre uno y el otro. Por un lado, mientras uno realiza desmarque de apoyo, el compañero busca el desmarque de ruptura, pudiéndose aprovechar de un espacio que haya dejado.

En este caso, Jovetić (10, delantero) recibe un pase vertical y tiene el apoyo para jugar de cara con Bakayoko (6, extremo izquierdo). Jovetić (10), en ese desmarque de apoyo, desplaza al central derecho rival que lo sigue ligeramente hasta esa zona.

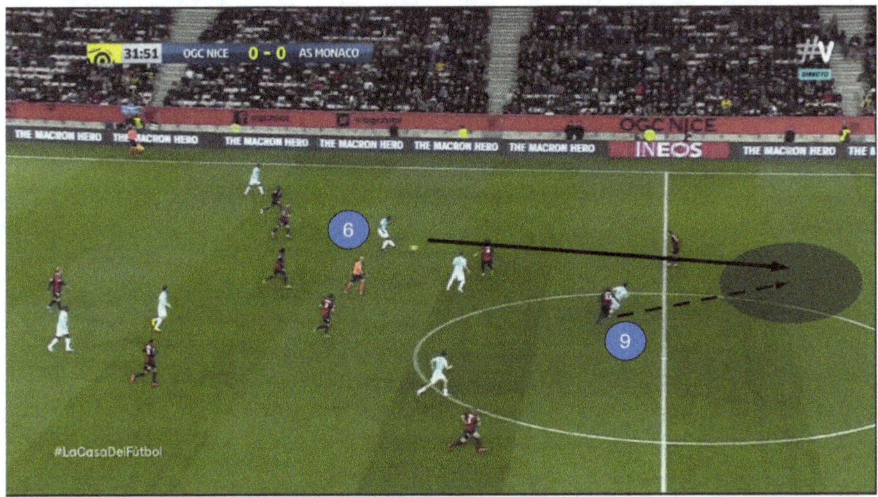

Cuando Bakayoko (6) recibe, existe un espacio que se ha creado a la espalda del defensor central que decidió presionar a Jovetić (10). Bakayoko (6) pone un pase de primera al espacio para el desmarque de ruptura del otro delantero, Ben Yedder

(9), que rompe al espacio entre los dos centrales y se dirige a la portería para acabar convirtiendo el gol.

Otro ejemplo de esta situación se da en la siguiente jugada, donde existe una implicación de más jugadores.

La acción se va desarrollando por el lado derecho con un rival replegado, poniendo su línea defensiva muy atrás. El adversario juega con tres defensores centrales; sin embargo, la amenaza cercana de los atacantes del Monaco, provoca que descienda uno de los mediocentros contrario y se acumulen cuatro oponentes muy metidos cerca de su propia área.

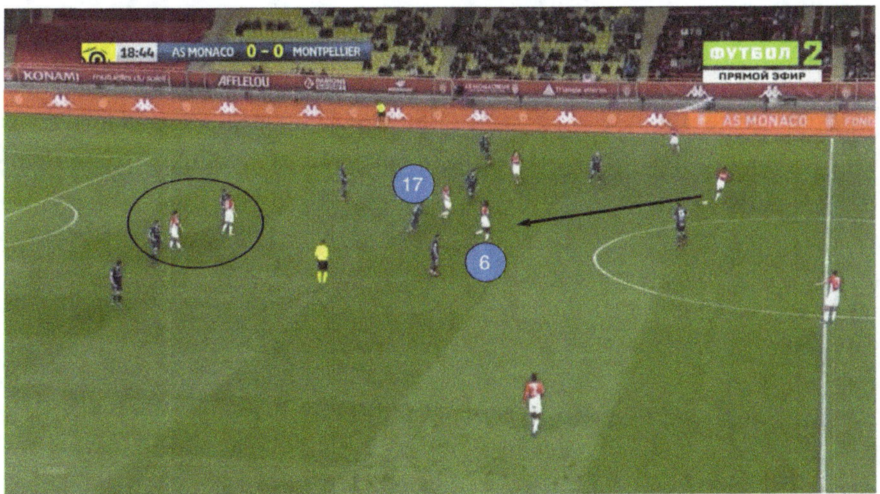

A partir de que juegan con el mediocentro derecho (22), Slimani (20, delantero) y Bakayoko (6, mediocentro izquierdo) realizan un desmarque de apoyo a una zona vacía de adversarios debido a que están muy cercanos a su portería, evitando salir. Este movimiento de apoyo y pase con Bakayoko (6), que es presionado por su espalda, hace que el equipo rival realice un paso hacia adelante en búsqueda de presionar y reducir espacios cercanos al balón; al mismo tiempo, esto genera una situación de dos contra dos en la fase de finalización.

Han jugado con Bakayoko (6) que devuelve con Fofana (22), quien se encuentra sin opciones de pase cercano debido al cierre de espacios en esa zona; sin embargo, como dijimos, la línea defensiva adversaria ha ganado altura al salir hacia delante, dejando una situación de dos contra dos con Ben Yedder (9, delantero) y Jovetić (10, extremo izquierdo). Por eso, Fofana (22) decide un pase al espacio para que Ben Yedder (9) reciba a la espalda de los defensores centrales.

SITUACIÓN 3: DIAGONALES HACIA LA SUBIDA DEL LATERAL

Esta situación de juego puede ir asociada a lo visto en la zona de creación; en la que, tras acumular pases en un costado, buscan un cambio de orientación con la intención de sorprender por el lado contrario. En este caso fomentan la incorporación de los laterales, que siempre juegan de forma muy ofensiva en los equipos de Moreno.

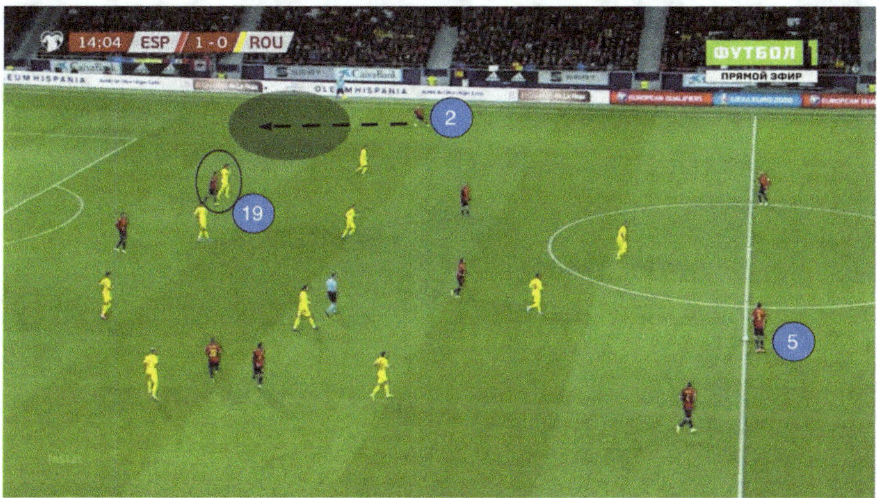

El posicionamiento de Gerard Moreno (19, extremo derecho), yendo hacia zonas interiores, hace que el lateral izquierdo rival vaya hacia dentro con él; esta acción permite dejar libre el carril derecho para las incorporaciones del lateral (2). Busquets (5), el mediocentro, lanza un envío en largo del balón, tratando de ubicarlo en el espacio marcado en la imagen para la entrada de Carvajal (2, lateral derecho).

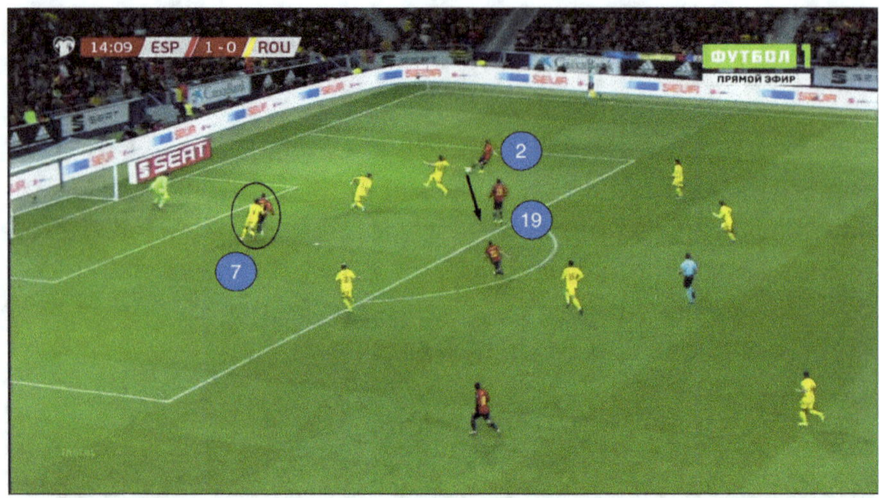

Carvajal (2) progresa con el balón mientras la tendencia de la línea defensiva es replegar rápido para igualar ese espacio dejado a la espalda e impedir que avance hacia la portería o que pueda conectar un centro con Morata (7, delantero centro). La ubicación de Morata (7) hace que Gerard Moreno (19) no siga la carrera y se quede frenado para recibir el pase hacia atrás de Carvajal (2); así, logran finalizar la jugada con un disparo a puerta.

2.6 TRANSICIONES DEFENSA-ATAQUE

Hacemos una mención a la fase de las transiciones cuando recuperan el balón. Los equipos de Moreno, muchas veces, al tener dos delanteros que pueden quedar más descolgados, hacen daño conectando rápido con ellos y creando situaciones de superioridad con jugadores que van al apoyo para descargar y otros que realizan desmarques de ruptura para atacar los espacios.

También son equipos que en ciertos momentos temporizan el ataque; es decir, tienen la idea clara de limpiar el balón de la zona de recuperación, mediante un cambio de orientación, para llevarlo a una zona más alejada y libre de jugadores rivales y propios.

A modo de ejemplo compartimos un video con algunas situaciones.

CAPÍTULO 3

XAVI HERNÁNDEZ

3.1 INTRODUCCIÓN

Xavi Hernández es conocido por todos por su brillante pasado, con grandes éxitos en la selección de España y el FC Barcelona, siendo una pieza importante en la mejor época de ambos equipos. Hace poco tiempo que se retiró como futbolista en el Al-Sadd, para empezar su aventura como primer entrenador en el mismo club.

En el análisis de su primera experiencia en este rol, sus equipos llevan el sello de lo que él ha sido como jugador y de las experiencias que ha tenido. Dirigido por entrenadores, como Pep Guardiola, que lo han marcado en una manera de pensar y de jugar basada en el juego de posición. Podemos verle equipos que, a partir del 4-2-3-1 y en momentos del 4-3-3, son grandes dominadores de los partidos; además, tienen niveles altísimos de posesión del balón.

PUNTOS CLAVE

— Juego de posición. Ataque organizado desde atrás.

— Alta participación de los mediocentros en el inicio y en la construcción de la jugada.

— Laterales que buscan ser muy profundos.

— La amplitud en el equipo es un aspecto fundamental, siempre buscan hacer ancho el campo y facilitar a los extre-

mos de situaciones de uno contra uno.

— La asociación en el pase corto, en pocos espacios, para ir viajando todos juntos o realizar cambios de orientación cuando acumulan a jugadores rivales.

— Crean un gran volumen de llegadas al área, de ocasiones y de goles; cambian muy bien el ritmo en los metros finales.

— Creación de espacios y automatismos para sacar el talento de aquellos jugadores bien dotados técnicamente, sobretodo en situaciones de uno contra uno.

3.2 SALIDA EN EL SAQUE DE META

3.2.1 CORTO

Los equipos de Xavi tienen el objetivo de jugar en corto. Muchas veces los rivales les permiten salir desde el fondo y los esperan más atrás; sin embargo, en otras ocasiones reciben la presión al inicio bien arriba pero, igualmente, tienen la valentía de jugar en corto.

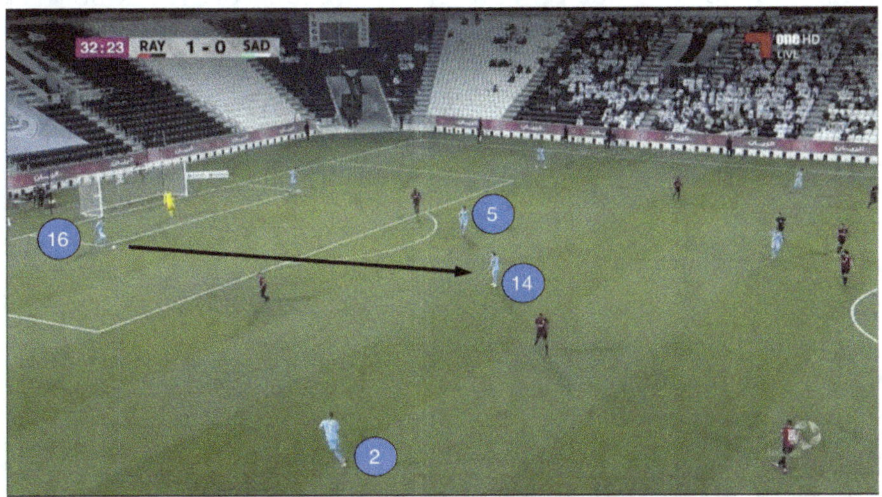

La jugada empieza con un saque de Boualem Khoukhi (16, central derecho). Los dos mediocentros, Gabi (14) y Jung Woo-young (5), se encuentran muy cercanos; mientras los laterales están a distintas alturas. Pedro Miguel (2), el lateral derecho, se posiciona más profundo para dejar espacios en la salida por ese lado.

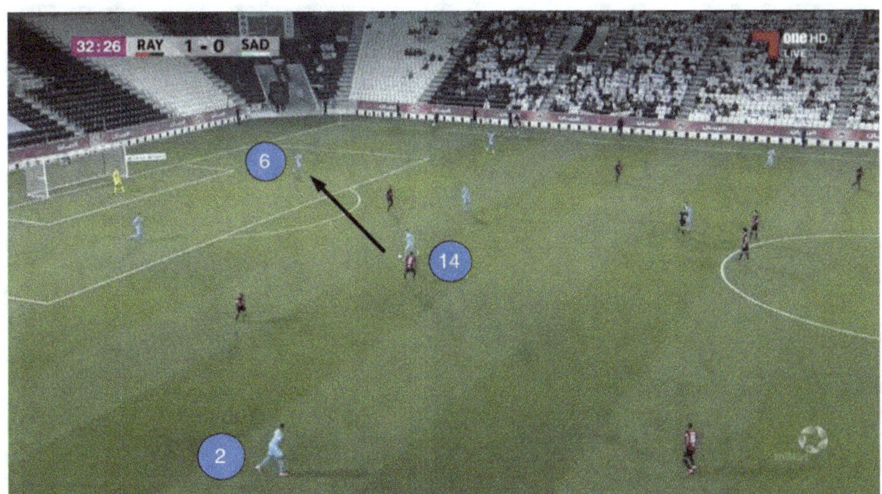

Gabi (14), al recibir, no puede tocar hacia Pedro Miguel

(2) debido a que el adversario le cierra muy bien la línea de pase, por lo que decide retrasar la jugada con Tarek Salman (6), el central izquierdo, para posteriormente poder volver a progresar.

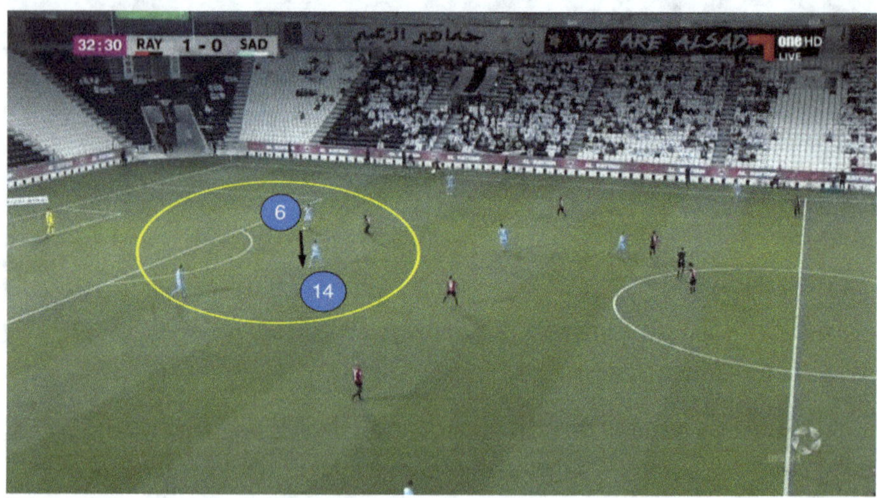

Tarek Salman (6) avanza con el balón y cuenta con el apoyo cercano de Gabi (14), quien genera superioridad en esa zona, en búsqueda de dar fluidez a la salida.

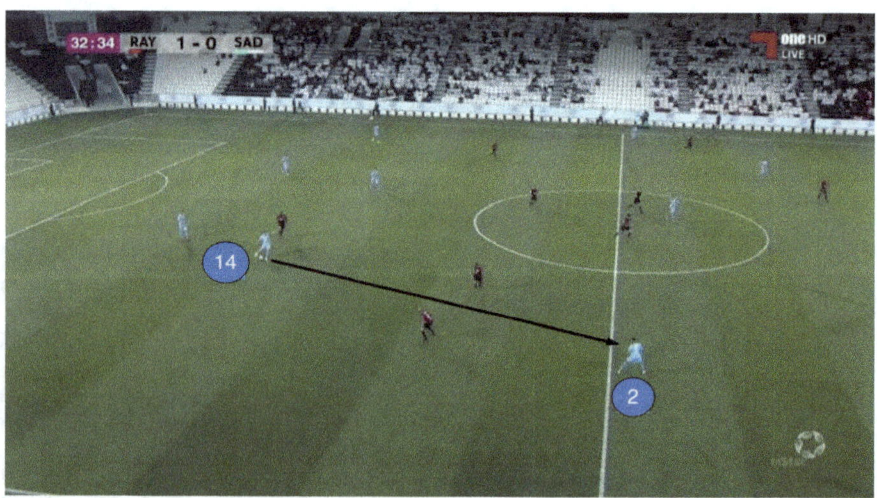

Gabi (14) avanza y ahora tiene la opción de jugar con Pedro Miguel (2) que ha permanecido profundo, durante toda la jugada, a la espalda de la presión rival. Luego, con un movimiento hacia dentro, Pedro Miguel (2) recibe libre entre líneas, superando dos líneas defensivas rivales de presión.

3.2.2 LARGO

Se le ven pocos saques en largo al equipo, salvo en acciones puntuales por el minuto de juego cuando se encuentran con un marcador apretado; como así también, cuando el oponente logra una presión efectiva. En esos casos buscan orientar la jugada hacia las zonas de banda, con el objetivo de hallar a los extremos o al delantero que cae por esa zona.

3.3 ZONA INICIO

SITUACIÓN 1: BÚSQUEDA DE SUPERIORIDAD JUGANDO CON EL PORTERO

La figura del portero siempre es importante en los equipos que tratan de sacar el balón desde atrás, para buscar crear superioridad a través de él en momentos donde el rival ejerce una presión muy alta.

El central izquierdo, Tarek Salman (6), recibe sin opción de ir hacia delante, por lo que vuelve a jugar hacia atrás para el portero; así consiguen atraer a los atacantes rivales, que se deciden por ir a presionar hacia arriba para, posteriormente, encontrar espacios con aquellos jugadores que van quedando libres entre líneas.

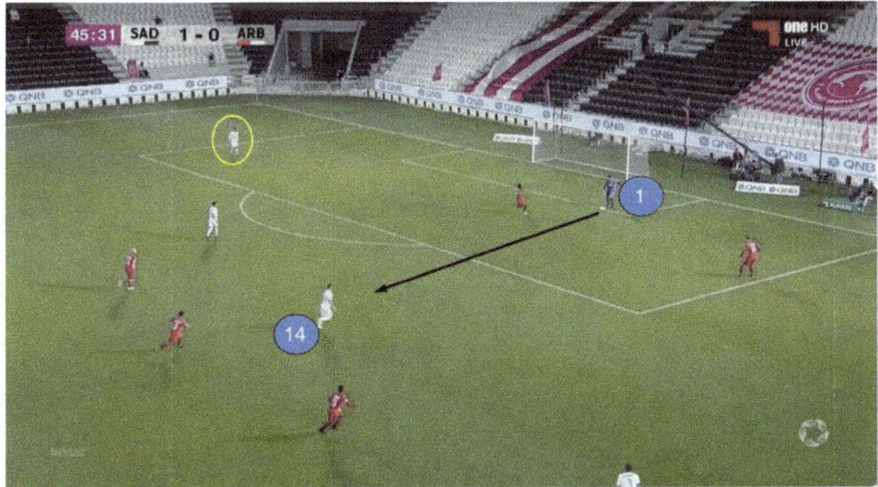

Al recibir Saad Al Sheeb (1), el portero, es presionado desde su costado derecho, quedando totalmente libre el central derecho (círculo amarillo); sin embargo, se le presenta la dificul-

tad de jugar con él debido a la presión del atacante contrario, quien le cierra la línea de pase. Es por eso que decide apoyarse con un pase hacia Gabi (14), uno de los mediocentros.

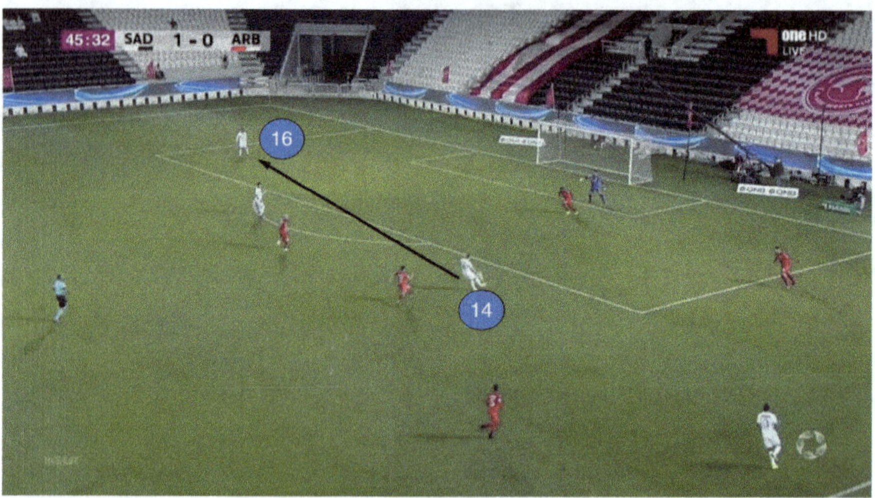

Gabi (14), al recibir, va a tener la presión inmediata de un defensor por su espalda; pero jugando a un toque encuentra a Boualem Khoukhi (16, central derecho), que es el jugador que había quedado libre anteriormente ya que su marcador había salido a presionar al portero.

SITUACIÓN 2: SALIDA DOS + UNO CON AYUDA DE UN MEDIOCENTRO

En la búsqueda de salir jugando en corto desde el fondo, los mediocentros son importantes descendiendo a recibir el balón entre los centrales para ser protagonistas de la jugada.

Los centrales abiertos reciben la ayuda de Woo-young (5), uno de los mediocentros, que viene a recibir por delante de la línea de presión rival para posteriormente conectar con otras líneas más ofensivas. El posicionamiento de los laterales es de mucha profundidad.

Woo-young juega sobre Nam Tae-hee (19), extremo derecho, que fija la marca del lateral izquierdo contrario.

Nam Tae-hee (19) recibe el balón y deja atrás a su marcador con un control orientado. El equipo de Xavi ya ha superado la línea del mediocampo rival, ahora encara el último bloque defensivo. Con una conducción inicial de unos metros para atraer y fijar a la línea defensiva rival, Nam Tae-hee (19) cuenta con dos opciones de pase; una alternativa es la de crear un dos contra uno por fuera con Pedro Miguel (2, lateral derecho); la otra es la de ir hacia dentro y buscar un desmarque de Bagh-dad Bounedja (11), delantero centro, a la espalda de la línea defensiva.

SITUACIÓN 3: LATERAL VENIDO HACIA DENTRO Y TODA LA BANDA PARA EL EXTREMO

El conjunto de Xavi Hernández busca dar la máxima amplitud posible al juego, generando espacios de uno contra uno para los extremos.

Boualem Khoukhi (16), uno de los centrales, sale en conducción buscando fijar oponentes; mientras tanto el lateral izquierdo, Abdelkarim Hassan (3), se coloca entre líneas en zonas interiores; de esta forma, deja todo el carril para que el

extremo izquierdo, que permanece muy abierto, pueda recibir libre.

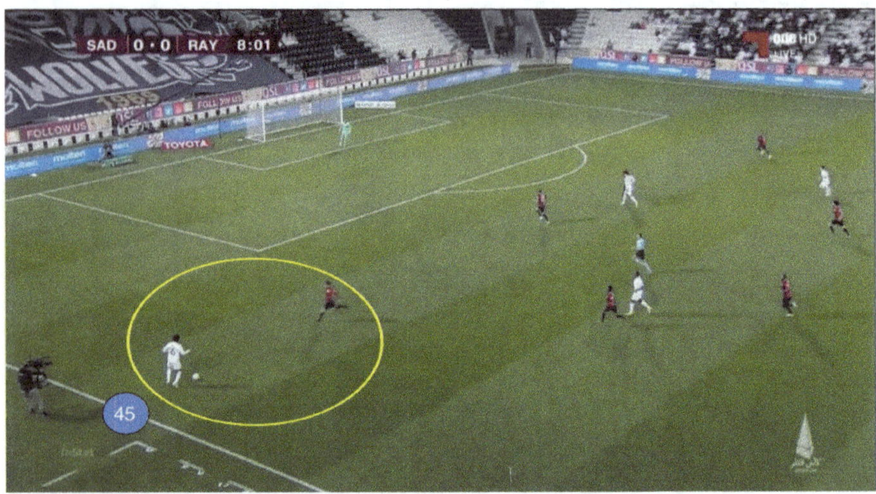

Akram Afif (45), extremo izquierdo, recibe abierto en banda y tiene espacios para explotar su gran potencial en situaciones de uno contra uno.

3.4 ZONA PROGRESIÓN

SITUACIÓN 1: ENLACE POSICIONADO ENTRE LÍNEAS

La posición del delantero centro es relevante para el equipo de Xavi, porque es un jugador al que buscan encontrar en muchas situaciones de juego y debe entender el posicionamiento.

Boualem Khoukhi (16), central izquierdo, busca avanzar con el balón para ir fijando líneas rivales; por delante de él, el conjunto está estructurado con las posiciones de Nam Tae-Hee (19, enlace) y Gabi (14, uno de los mediocentros), ambos entre líneas, y con la máxima amplitud del equipo. Pese a empezar con un sistema de doble pivote, Gabi (14) se descuelga arriba para buscar espacios entre líneas, sujetando así al mediocentro rival que decide no ir a presionar.

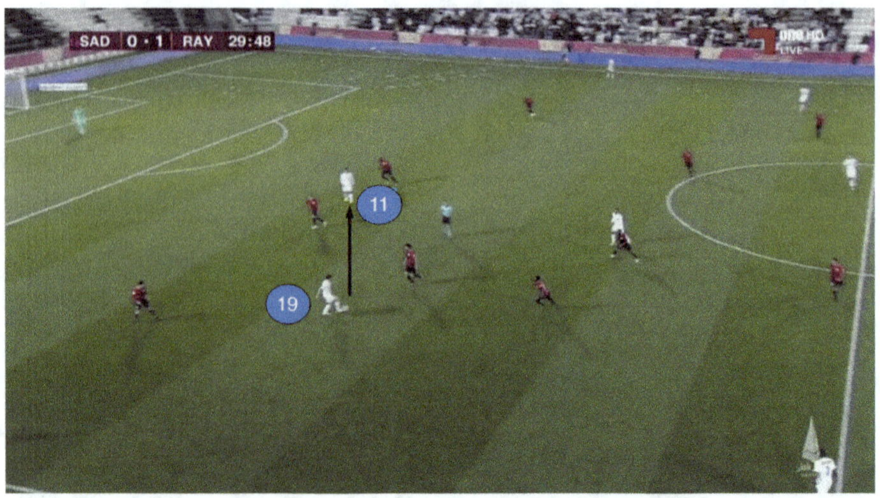

Cuando Nam Tae-Hee (19) recibe, tiene la opción de girar para buscar salida por fuera con el extremo izquierdo o, en este caso, buscar la combinación interior con el delantero centro, Bounedjah (11). Ya han superado las líneas de presión de los delanteros y del mediocampo rival.

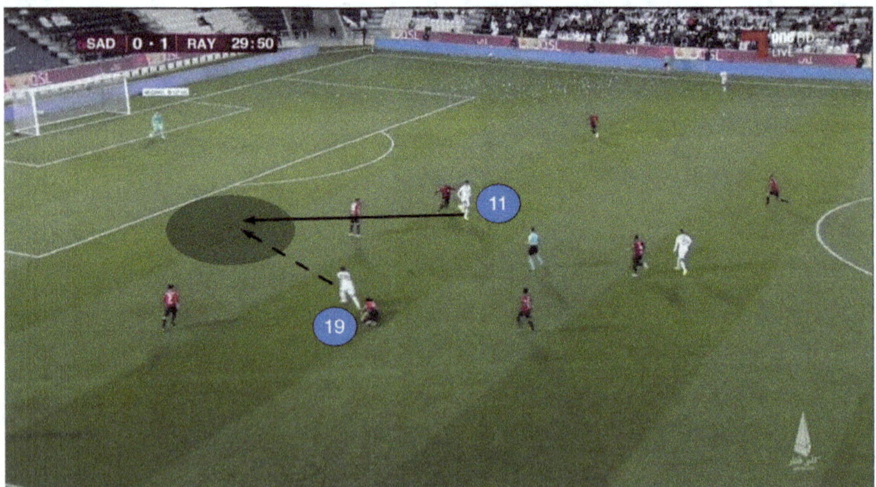

Bounedjah (11) juega a un toque y prolonga el balón para la ruptura de Nam Tae-Hee (19) al espacio, creado entre el central y lateral adversarios. Esto sucede, por un lado, debido a que el lateral rival permanece abierto, realizando una vigilancia sobre el extremo izquierdo; por otro lado, el central derecho centra su atención inicial en la ubicación del balón y no en lo que puede entrar por su espalda.

SITUACIÓN 2: AMPLITUD Y COMBINACIÓN POR ZONAS EXTERIORES

Los equipos de Xavi buscan generar situaciones en las que le dan mucha amplitud al juego, realizando combinaciones por zonas exteriores a gran velocidad. En el siguiente análisis mostraremos dos jugadas con características similares pero con distintos protagonistas.

Afif (45), extremo izquierdo, permanece muy abierto y necesita descender para entrar en contacto con el balón. Recibe pegado a la banda y en una posición muy atrasada, lo que hace que la defensa rival salga hacia delante a presionarlo. Bounedjah (11), delantero centro, se mueve hacia la banda para ocupar el espacio que ha dejado el lateral adversario, pero esa opción es cubierta por otro oponente; por eso, Afif (45) encuentra un pase interior con Marco Fabián (33), el enlace.

Fabián (33) recibe y no tiene opción de progresar pero consigue atraer a muchos jugadores rivales, sacando de posición al defensor central derecho que deja espacios para el desmarque de ruptura que ha iniciado Afif (45) luego de pasar el balón. A Fabián (33) solo le queda la opción de jugar hacia atrás con Gabi (14), mediocentro izquierdo, para posteriormente poder progresar.

Gabi (14), con todo el campo por delante, encuentra un pase en profundidad con el extremo Afif (45) que rompe todas las

líneas defensivas rivales y queda mano a mano con el portero.

En el siguiente ejemplo vemos características parecidas, como la amplitud por fuera; una vez que un jugador recibe en zona exterior, busca el pase interior para darle continuidad al desmarque de ruptura. El futbolista que inicia la jugada busca un apoyo fácil y continúa con su desmarque para acabar sacando beneficio de la jugada, quedándose libre con muchos espacios para progresar.

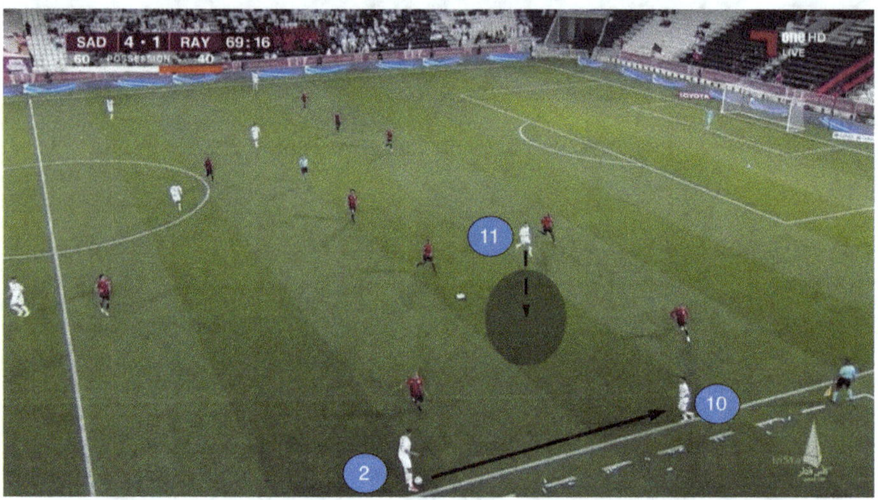

En este caso, Pedro Miguel (2, lateral derecho) recibe el balón y cuenta con el extremo derecho, Hassan Al-Haydos (10), abierto en la banda. Ambos futbolistas generan una amplitud máxima y dejan un espacio para la ayuda interior del delantero centro, Bounedjah (11).

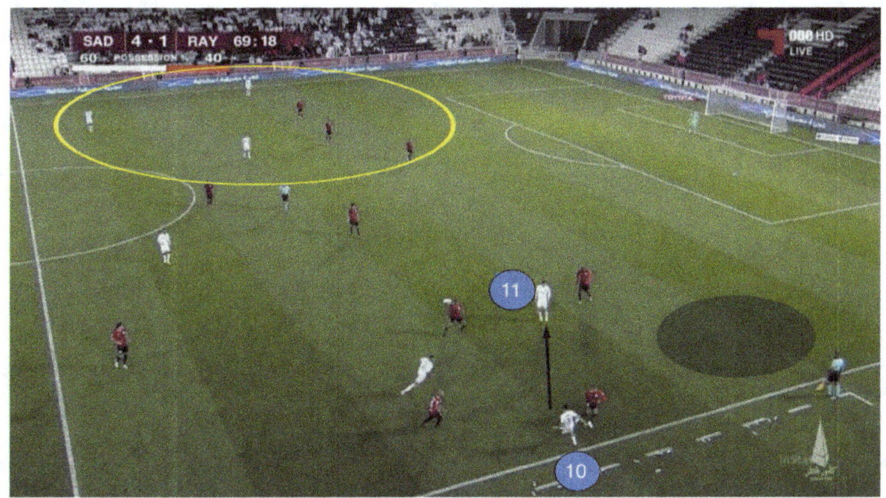

Pedro Miguel (2), al tocar con Hassan Al-Haydos (10), sigue su desmarque de ruptura en búsqueda de los espacios que van quedando libres a las espaldas de los defensores. El extremo (10), al recibir, no devuelve la pared con el lateral sino que busca el apoyo de Bounedjah (11), quien sirve de soporte para prolongar el balón.

Una de las claves, para que se produzca esa combinación exitosa en banda, es la amplitud que provocan con sus posicionamientos. Hay tres jugadores totalmente abiertos en el lado contrario, lo que obliga al equipo rival a tener que dejar una vigilancia en ese sector y abrir mucho su estructura defensiva; de esta manera, se ve imposibilitado de enviar colaboraciones cercanas en demasía sobre la zona del balón.

El apoyo del delantero centro es importante para jugar a un toque con el desmarque de Pedro Miguel (2, lateral derecho) al espacio, dejándolo completamente libre con libertad para encarar hacia la portería y sin ayudas defensivas cercanas.

CONCEPTO DE "PARED 1, 2, 3" O "PARED FALSA"

En los dos ejemplos vimos como, con la participación de tres jugadores, ha obtenido una ventaja significativa en el avance ofensivo. A esto lo podríamos llamar una "pared 1, 2, 3" o "pared falsa", en la que se da la participación de un tercer futbolista que es el que posibilita el pase definitivo.

Hay un futbolista que inicia la jugada y busca un apoyo. Ese segundo jugador, al recibir, no devuelve la pared sobre el primer compañero sino que busca el apoyo fundamental de un tercero; quien al recibir, finalmente, él será el que buscará a ese primer futbolista con mayores opciones de obtener ventajas.

SITUACIÓN 3: EL MEDIOCENTRO CAE A LA BANDA Y EL LATERAL VIENE A RECIBIR EN EL INTERVALO INTERIOR

Una de las situaciones que se dan en los equipos de Xavi, y que hemos visto en otros análisis, es el posicionamiento del mediocentro desplazado en la banda durante la salida del balón, pero aquí va con una interesante variante.

El central derecho, con posesión del balón, busca la progresión mediante el posicionamiento del mediocentro Gabi (14); quien está totalmente abierto en banda, actuando de lateral derecho; también logra avanzar a través de Pedro Miguel (2,

lateral derecho) que permanece abierto pero que realizará un movimiento para ir a recibir el balón a la zona señalada, ya que el delantero adversario deja esa línea de pase libre al estar pendiente de Gabi (14), quien no contaba con una referencia de marca inicial en esa zona.

Pedro Miguel (2), al recibir por dentro, tiene la opción de jugar de cara con Gabi o de girarse y filtrar un balón a la espalda del central y lateral contrarios, para el desmarque de ruptura de Al-Haydos (10, extremo derecho).

3.5 ZONA DE FINALIZACIÓN

SITUACIÓN 1: CREAR ESPACIOS PARA QUE EL EXTREMO JUEGUE UN UNO CONTRA UNO

En las siguientes situaciones de finalización vamos a ver que todas tienen un punto en común, se trata de la amplitud que los equipos de Xavi le dan al juego con el objetivo de canalizar sus ataques por las bandas.

La jugada empieza con Nam Tae-hee (19), el enlace, en una situación de uno contra uno en el costado izquierdo; sin embargo, por delante hay muchos jugadores, tanto del equipo rival como del propio, lo que complica la posibilidad de avanzar. A pesar de esta dificultad, al estar jugando a pierna cambiada, Nam Tae-hee (19) tiene la opción de irse hacia dentro y buscar la asociación.

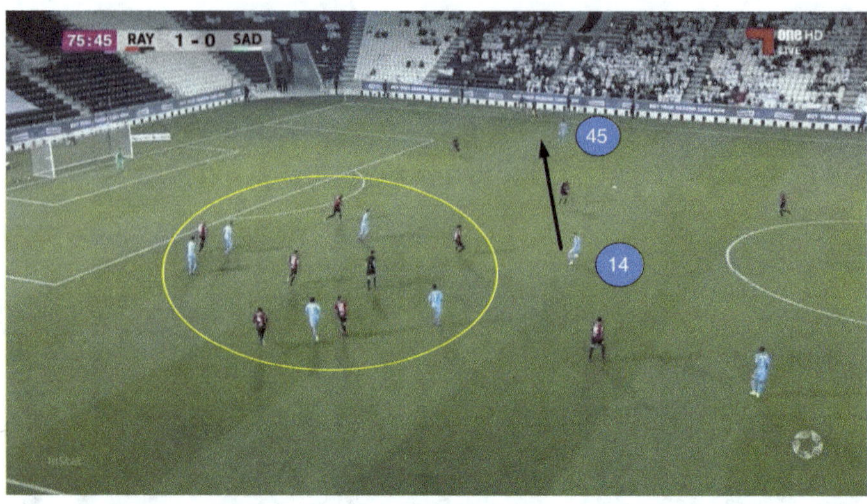

Nam Tae-hee (19) descarga sobre Gabi (14), mediocentro derecho, que da el apoyo por dentro. En el sector izquierdo del ataque hay una gran acumulación de jugadores, pero en el costado derecho permanece totalmente abierto Afif (45, extremo) que recibe el cambio de orientación para poder jugar un uno contra uno. Cabe destacar que cinco jugadores del equipo de Xavi están por delante del balón, demostrando una clara intención ofensiva.

Afif (45), al recibir el pase, tiene la opción de realizar un uno contra uno o de progresar y sacar un centro al área. Por el segundo palo podrían llegar a aparecer hasta tres jugadores de su equipo con opciones netas para rematar.

SITUACIÓN 2: EXTREMO EN AMPLITUD Y RUPTURA AL ESPACIO DE UN SEGUNDO JUGADOR

Pudimos evidenciar que el conjunto de Xavi Hernández es un equipo que busca la máxima amplitud de los jugadores y que, tras acumular rivales mediante pases cortos, busca el cambio de orientación para sorprender por el costado contrario. A partir de esto veremos dos ejemplos de los cambios de sentido ensanchando el campo.

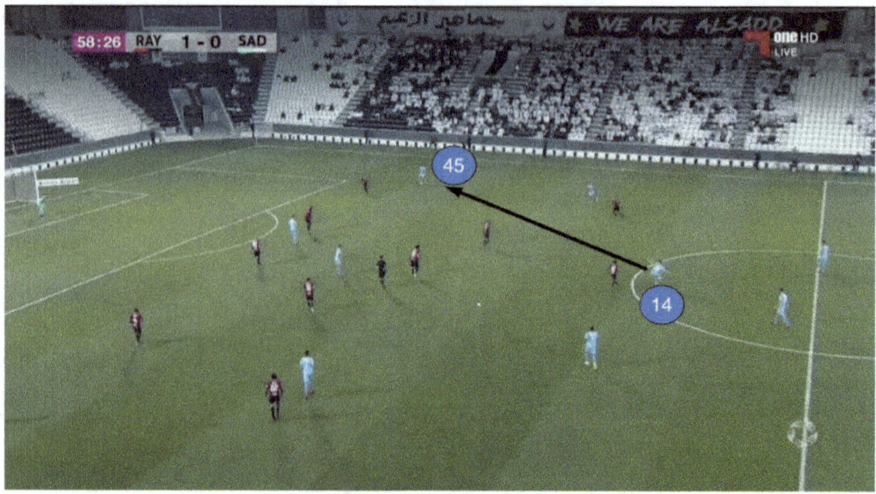

Tras recibir el balón del lado izquierdo, Gabi (14, mediocentro derecho) inicia el cambio de orientación con Afif (45, extremo derecho), que permanece abierto en ese lado derecho para permitir una situación de uno contra uno o para buscar el apoyo del lateral derecho en su subida.

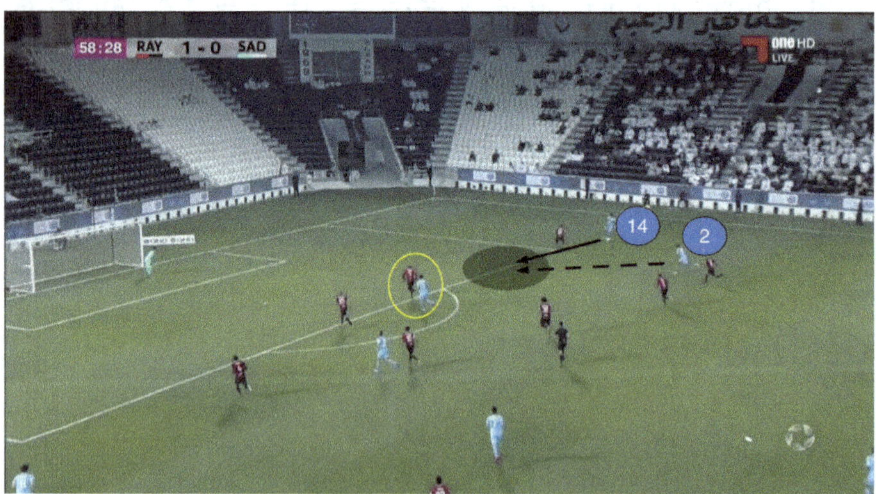

Cuando recibe Afif (45) se crea una superioridad, de dos contra uno, con la llegada de Pedro Miguel (2, lateral derecho) al espacio generado entre el central y el lateral adversarios. El posicionamiento del delantero centro (11) hace que el central izquierdo contrario permanezca en vigilancia por dentro y no vaya a una cobertura a su lateral, lo que permite que Pedro Miguel (2) pueda recibir el balón libre en el espacio marcado y finalice la jugada.

A continuación vemos otro ejemplo de esta situación pero con distintos protagonistas.

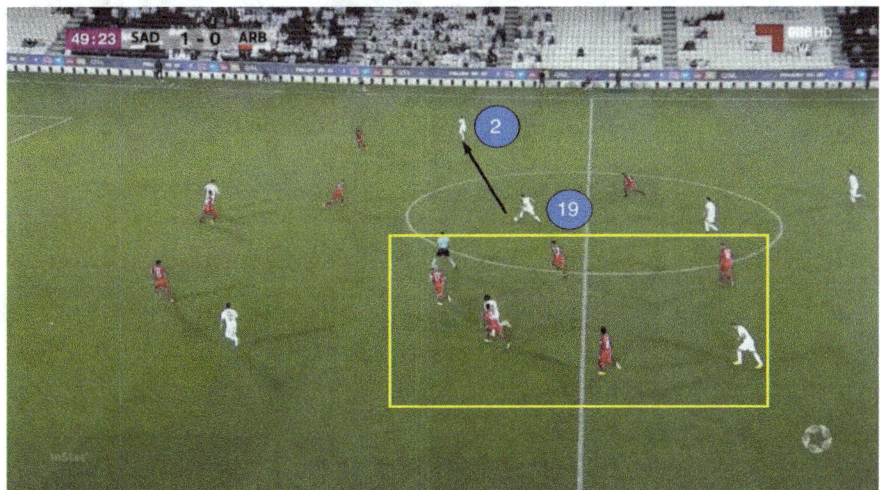

El balón procede desde el costado izquierdo, como en la acción anterior. Es el enlace, Nam Tae-Hee (19), que viene a recibir por dentro y a buscar la amplitud por fuera con la subida del lateral derecho, Pedro Miguel (2). De esta manera, logran salir de una zona muy poblada con cinco jugadores rivales en muy poco espacio.

Pedro Miguel (2), al recibir y estar profundo, crea una situación de dos contra uno con el delantero centro, Bounedjah (11), que efectúa un movimiento hacia la banda; con ese desmarque de ruptura logra ganarle las posiciones al central y al lateral oponentes.

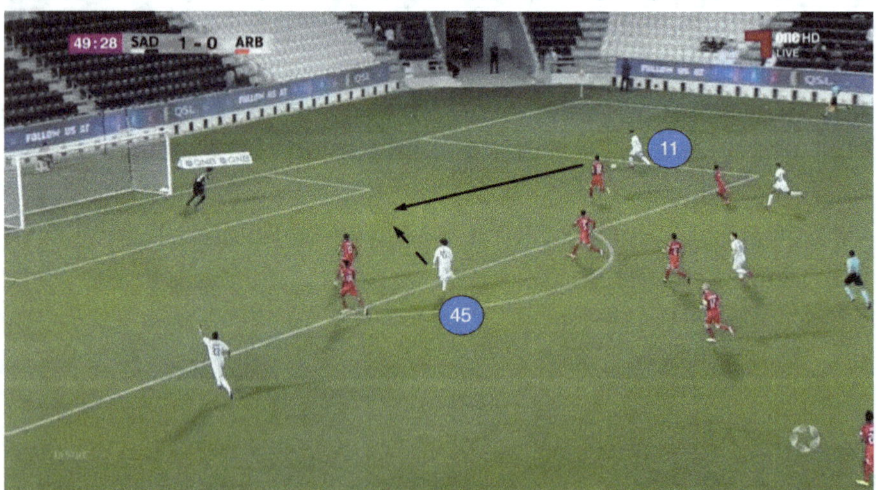

Bounedjah (11) recibe, ya habiendo superando al lateral izquierdo, y encuentra una vía de pase al gran espacio que se ha creado entre los dos defensores centrales adversarios; esto ocurrió debido a que los contrarios han tenido que replegar y bascular muy rápido, como así también el central izquierdo ha tenido que salir de su zona para realizar la cobertura. Afif (45), extremo, busca sacar ventaja con el desmarque al espacio que queda libre.

SITUACIÓN 3: EL PASE ATRÁS CON EL LATERAL PARA SACAR EL CENTRO

Las situaciones de finalización vemos que se van dando todas por las zonas exteriores, aprovechando la máxima amplitud en el juego. Al final son diferentes variantes que se producen en función de lo que el rival va proponiendo. Aquí veremos una situación en la que buscan el uno contra uno del extremo, que hemos explicado anteriormente, pero ante la ayuda defensiva rival realizan otra acción diferente.

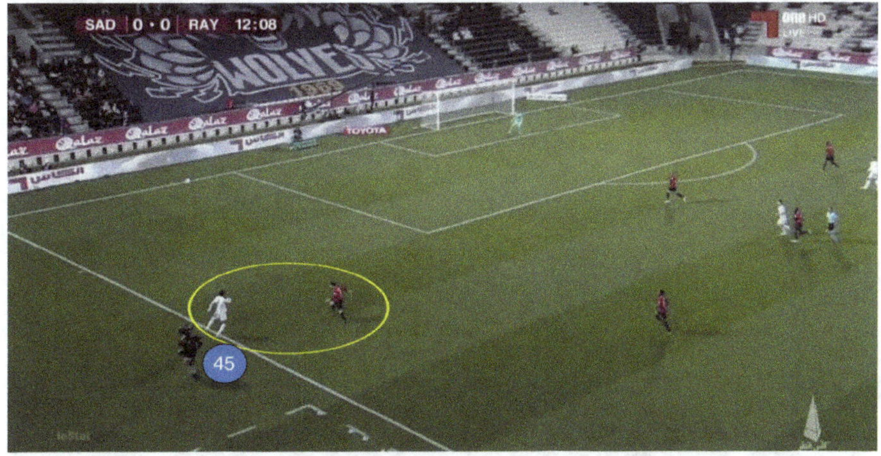

Afif (45), extremo izquierdo, recibe un balón en diagonal

desde el central y trata de empezar una situación de uno contra uno frente al lateral izquierdo rival, el cual está muy cerca y va a temporizar a la espera del descenso del extremo oponente.

Ante la situación, que se acaba convirtiendo en un uno contra dos con superioridad defensiva contraria, siempre buscan el recurso del apoyo por detrás del lateral; en este caso es Hassan (3) que se incorpora desde el fondo.

Hassan (3) recibe con el espacio y tiempo suficiente para

controlar el balón y sacar un muy buen centro con destino a la superación de los primeros defensores que, ante el pase atrás de Afif (45), han salido hacia delante y están pendientes del balón pero sin tener en cuenta el movimiento del delantero centro, Bounedjah (11), a la espalda. Gabi (14), uno de los mediocentros, también se incorpora desde la segunda línea sin tener un oponente que esté realizando una vigilancia sobre él.

3.6 TRANSICIONES DEFENSA-ATAQUE

Los equipos de Xavi Hernández se caracterizan por saber dar la pausa cuando es oportuno; también, al recuperar el balón, entienden cómo limpiarlo de la zona en la que hay más congestión de jugadores rivales y propios para progresar por otra zona del campo.

Debido a la amplitud que le dan al juego ofensivo, muchas veces al recuperar, buscan el envío inmediato hacia las bandas para generar peligro por esas zonas; en las cuales se destacan las velocidades y habilidades de los extremos.

CAPÍTULO 4

JORGE JESUS

4.1 INTRODUCCIÓN

Jorge Jesus construye el juego de sus equipos en un ataque organizado, pero siempre ofreciendo mucho ritmo y profundidad en sus acciones. Sus formaciones emplean un sistema de juego habitual 4-4-2; aunque en ciertas ocasiones, en función de los futbolistas que pone sobre el campo, puede ser un 4-2-3-1 con un jugador moviéndose como enlace sin ser fijo arriba. Los jugadores de banda, como también los dos más adelantados, son futbolistas de mucha movilidad que no se quedan fijos en una posición sino que las van intercambiando constantemente; inclusive, en un momento dado, te puedes encontrar en un sector del campo a tres jugadores participando juntos en esa misma acción.

PUNTOS CLAVE

– Los laterales son jugadores con una alta participación en todas las fases de su juego.

– Las conducciones para fijar a jugadores rivales y romper líneas de presión.

– Constantes desmarques de ruptura en zonas de finalización.

- Extremos a pie cambiado para generar dentro.
- Circulación rápida de balón.
- Movilidad e intercambio de posición de sus atacantes.

4.2 SALIDA DESDE EL SAQUE DE META

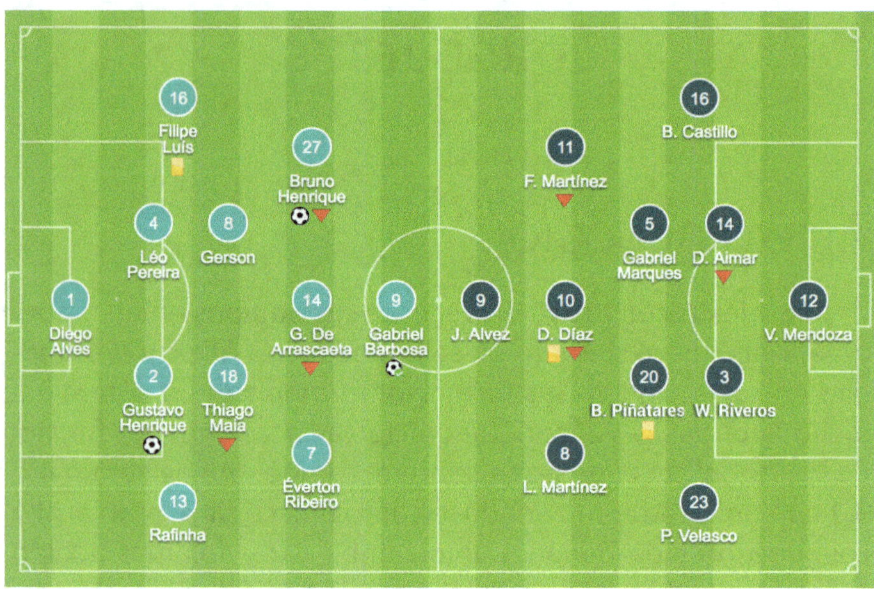

4.2.1 CORTO

Es un equipo con una tendencia a salir jugando en corto desde atrás, independientemente de la presión del equipo rival.

La estructura consta de centrales abiertos junto a un mediocentro más cercano al área, que estará pendiente de ir a un costado u otro para dar opciones de salida. Los laterales permanecen bajos para ser una descarga fácil de los centrales o, también, para arrastrar a sus marcas y permitir un pase más directo a sus espaldas.

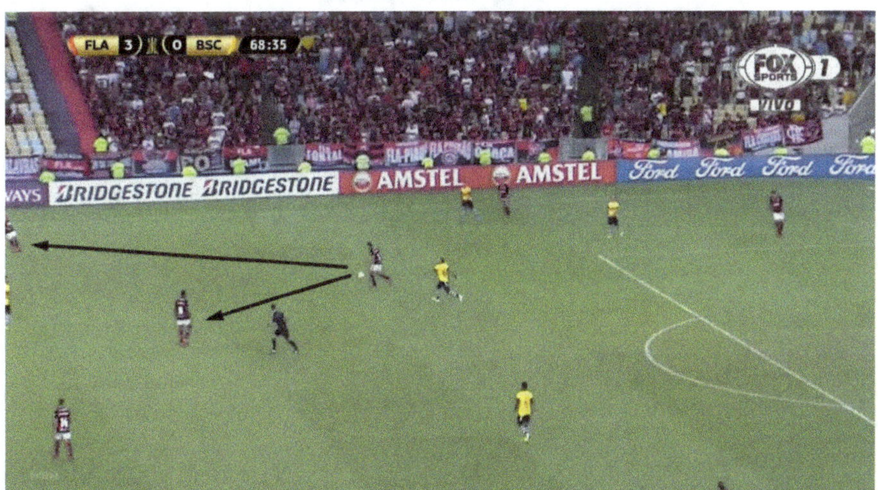

Una vez que recibe el lateral, de inmediato tiene la descarga dentro con el mediocentro para poder salir hacia delante y jugar con las siguientes líneas, dejando a cuatro jugadores riva-

les por detrás de la línea de presión. La dinámica es clara, van alternando pases por fuera con pases por dentro, dificultando así el posicionamiento defensivo rival y siendo más complicado el hecho de ser referenciados.

4.2.2 LARGO

La salida en largo es algo que se da menos en su juego; pero cuando lo hacen, buscan acumular jugadores en un sector para jugar con la referencia del delantero centro; a partir de ahí, intentan explotar una segunda acción mediante una peinada direccionada al espacio para el otro punta o los extremos.

4.3 ZONA DE INICIO

SITUACIÓN 1: UN MEDIOCENTRO METIDO ENTRE LOS CENTRALES ANTE LA PRESIÓN ALTA RIVAL

Los equipos de Jorge Jesus buscan el ataque organizado desde atrás; se encuentran cómodos con ese patrón, aunque en algunas ocasiones tomen riesgos y puedan tener una pérdida de balón, atrayendo al rival hacia el propio campo para encontrar espacios en las siguientes líneas con un equipo adversario que ha sido obligado a desplegarse a presionar.

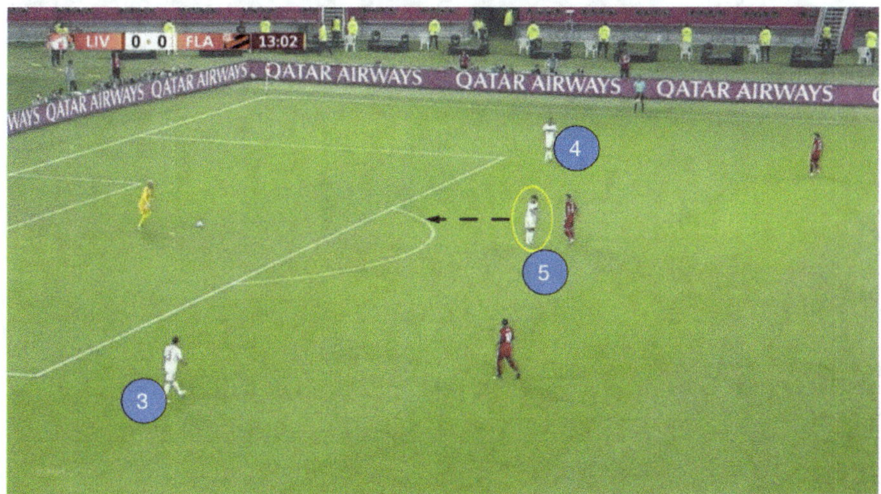

Willian Arão (5), mediocentro izquierdo, es el que acostumbra a situarse entre los centrales; en este caso, el objetivo es atraer la presión de los tres delanteros del Liverpool, haciendo participar mucho al portero que es el jugador libre del acoso rival.

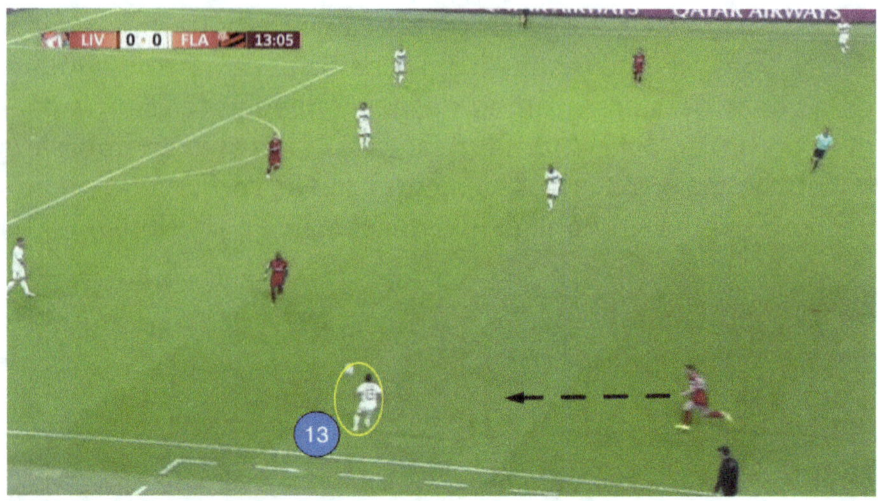

Una vez recibe el portero, el primer jugador que queda libre sin una presión inmediata directa es Rafinha (13), el lateral derecho, que permanece más profundo respecto a los centrales. A partir de que recibe el lateral se dan dos situaciones de salida que, en función del posicionamiento del rival, buscarán una u otra.

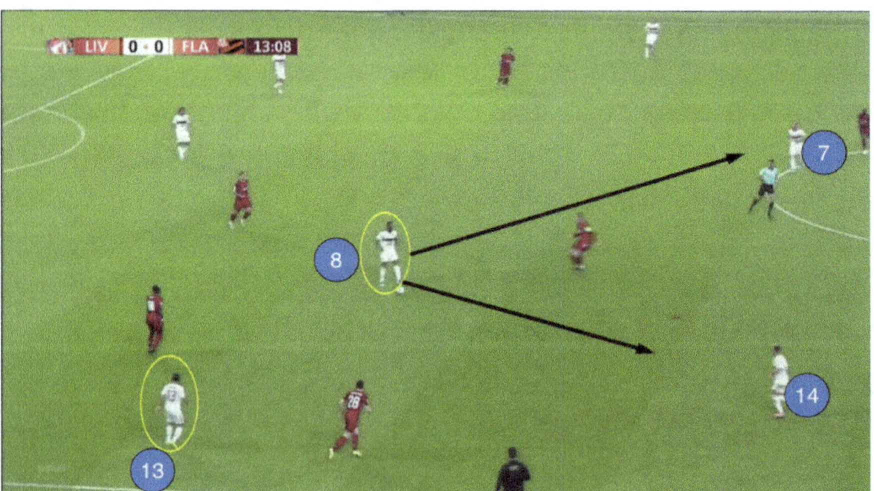

La primera opción es la aparición del otro mediocentro, Gerson (8), que permanece ubicado en el medio a la espalda de la primera línea de presión, preparado para desplazarse y recibir el pase del lateral. Ribeiro (7, delantero) y De Arrascaeta (14, extremo derecho) se dirigen hacia dentro, creando un triángulo en el mediocampo y brindando dos opciones de pase junto a una superioridad numérica y posicional en esa zona central.

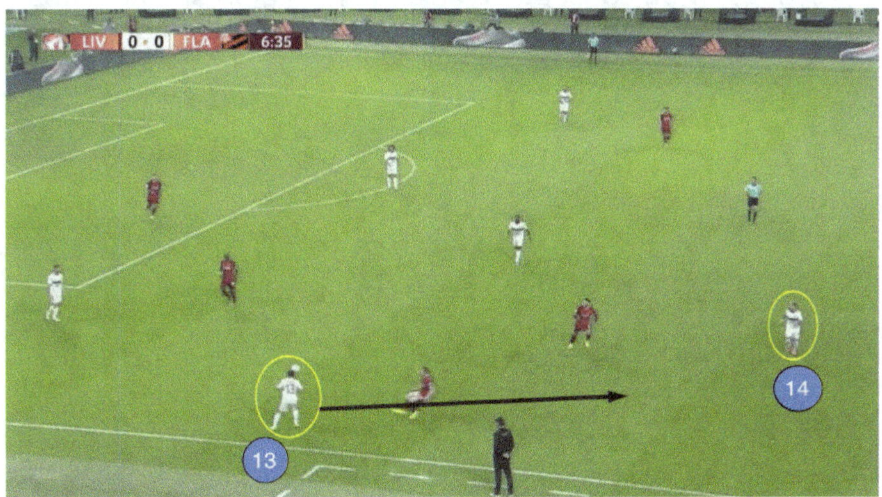

La segunda opción cuando recibe Rafinha (13), el lateral derecho, es buscar la prolongación con el extremo (14) que está situado entre líneas, sin pasar la pelota por el pivote.

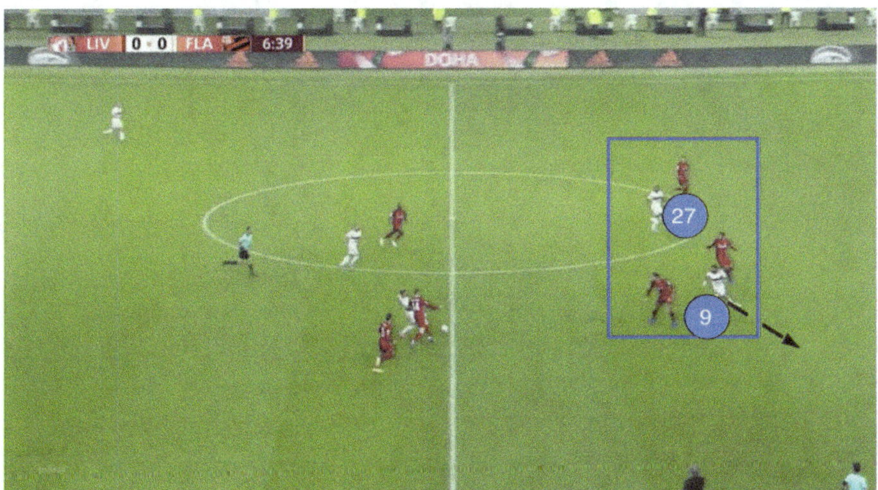

El extremo derecho (14), al recibir en esas zonas entre líneas y con el lateral izquierdo del Liverpool fuera del sector, genera una situación donde su equipo puede sacar ventaja con un tres contra dos; en la imagen aparece arriba el extremo izquierdo, Bruno Henrique (27), y el delantero centro, Gabriel Barbosa (9). Han conseguido llevar al rival a presionar arriba y han ido superando líneas de presión con aquellos jugadores que iban quedando libres.

SITUACIÓN 2: SALIDA CON UN LATERAL METIDO EN ZONAS INTERIORES

Siguiendo con la salida de tres jugadores desde atrás, hay momentos en que, para potenciar virtudes ofensivas de sus extremos, ubican al lateral en zonas interiores.

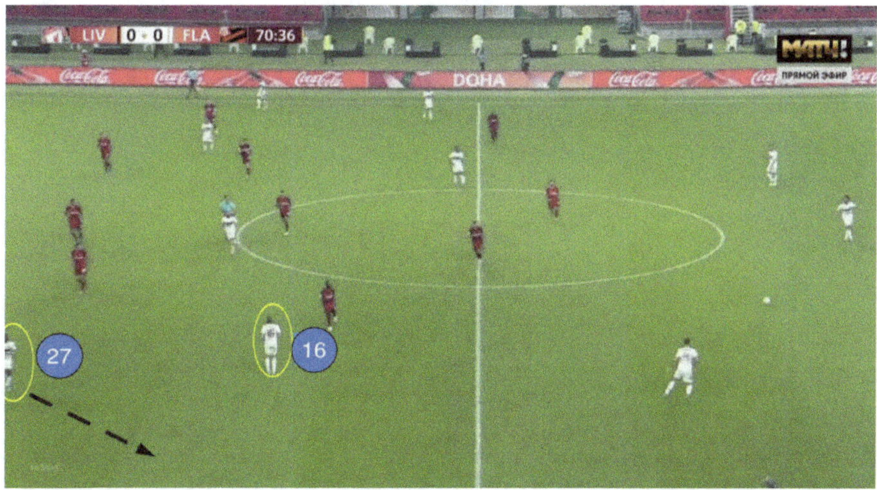

Filipe Luís (16), lateral izquierdo, se dirige hacia dentro; de esta manera, el central izquierdo, una vez que recibe, tiene la opción de progresar y jugar por fuera con Bruno Henrique (27, extremo izquierdo), habilitado para buscar situaciones de uno contra uno frente al lateral derecho oponente.

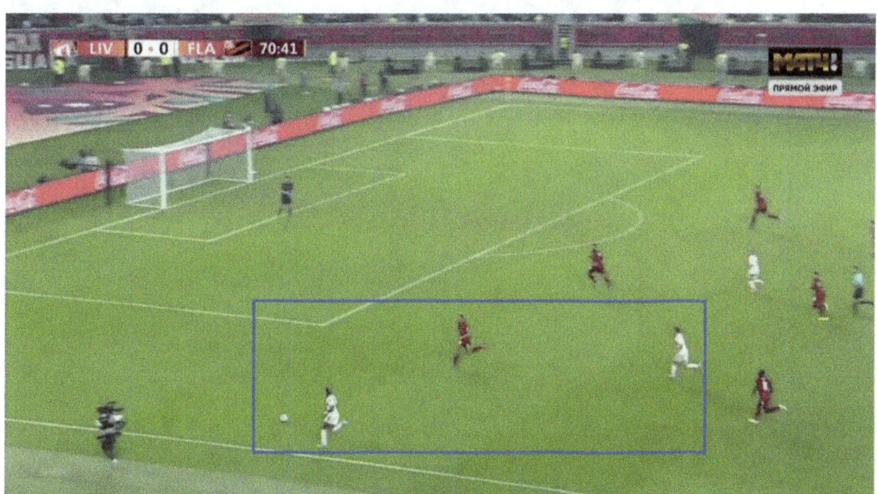

Bruno Henrique recibe abierto y tiene la opción de jugar un duelo individual contra el lateral rival o la alternativa de buscar una superioridad numérica con Filipe Luís, que se ha posicionado entre líneas y ha seguido la jugada de cerca. Filipe

Luís podrá recibir el pase o fijar a sus marcadores por dentro, para que el lateral contrario no salga de inmediato a presionar a Bruno Henrique.

SITUACIÓN 3: CREACIÓN DE UN ROMBO ANTE LA PRESIÓN BAJA DEL RIVAL

Seguimos con la salida que hemos visto anteriormente, en la que buscan ese movimiento constante de situar a uno de los mediocentros entre los centrales y al otro mediocentro a la espalda de la primera línea de presión. Dando mayor libertad en la salida a los centrales, que se encuentran sin presión del rival.

Ante la falta de presión del oponente, Willian Arao (5, mediocentro derecho) se mete entre los centrales (3 y 4) para atraer a los atacantes contrarios. Los defensores centrales cuentan con opciones para progresar y, a la vez, tienen la ayuda de Gerson (8, mediocentro izquierdo), quien busca situarse a la espalda de la primera línea de presión rival.

Esta acción crea una especie de rombo en la salida del ba-

lón con claro dominio posicional y numérico de la situación. Gerson (8) es el eje de esta salida, en la que busca un giro rápido con el central más alejado (4) para que cuente con espacios claros para progresar.

Pablo Marí (4, central izquierdo) recibe y tiene opciones de salir progresando con el balón. El lateral izquierdo busca profundidad por fuera, siempre con la idea de atacar y ser profundos cuando se pueda.

4.4 ZONA DE PROGRESIÓN

SITUACIÓN 1: EXTREMOS ENTRE LÍNEAS

Hay momentos en que los equipos rivales, ante la buena estructura en ataque organizado de los equipos de Jorge Jesus, buscan permanecer más replegados.

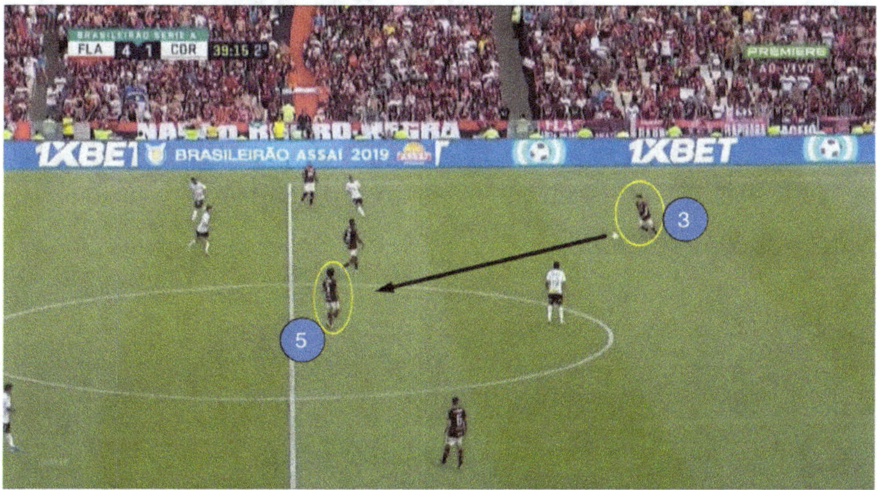

El defensor central derecho, Rodrigo Caio (3), busca un pase filtrado a uno de los pivotes (5) que supere la tímida primera presión. Una de las características del equipo es que busca saltar posibles pases; es decir, si un lateral recibe y tiene una opción de pase con el central más alejado, intentará jugar con él para darle mayor continuidad y ritmo al ataque. Rodrigo (3) tiene opción de tocar hacia el pivote más alejado, Willian Arao (5). Ese pase permite superar líneas de presión y, siempre que sea posible, seguir progresando.

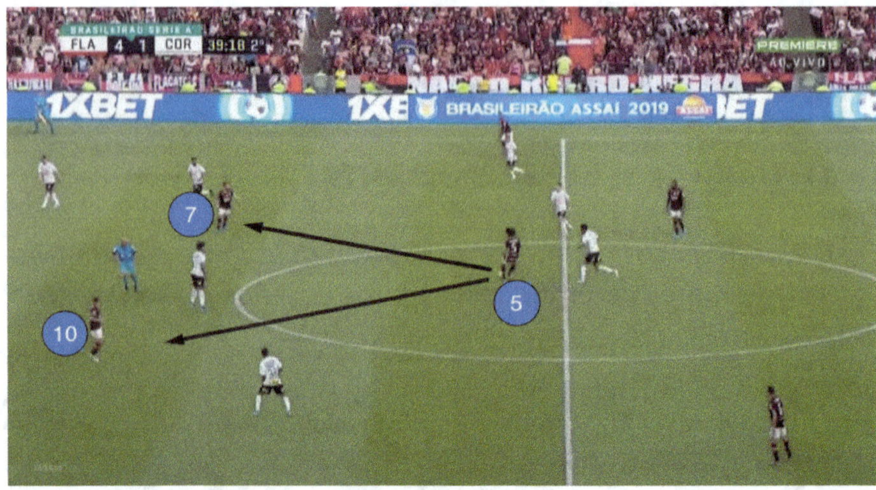

Willian Aarao (5) hace un giro y se encuentra con el doble apoyo en profundidad; por un lado Ribeiro (7), extremo derecho, que se ha venido dentro; por el otro lado Diego (10) que, actuando de enlace, se separa de sus marcadores y se sitúa entre líneas.

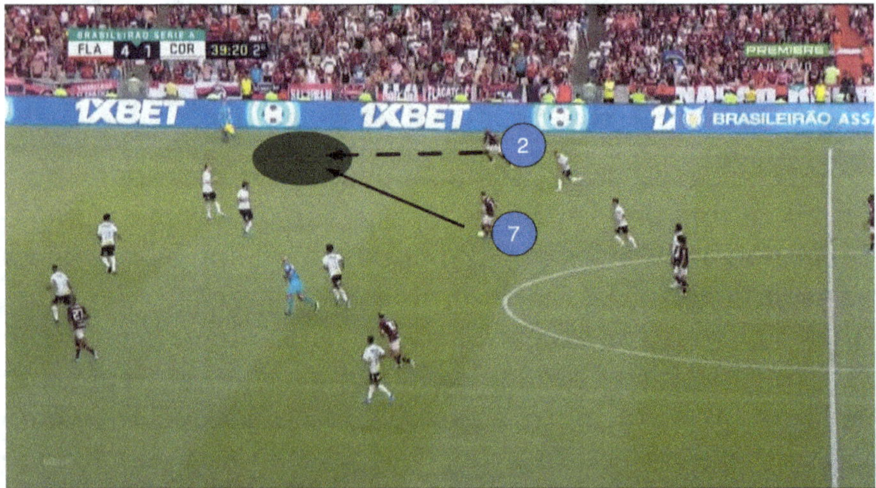

Una vez que recibe Ribeiro (7), siguen buscando esa continuidad y generan una acción muy repetida: jugar por fuera con la subida del lateral (2), aprovechando el espacio que ha creado el propio Ribeiro (7) con su desmarque de apoyo hacia zonas interiores.

Con esto han conseguido superioridad en la zona central y, en dos pases, han descargado por fuera con el objetivo de llegar a zonas de finalización.

SITUACIÓN 2: ACUMULAR EN UN CARRIL PARA JUGAR CON LOS ALEJADOS DEL OTRO CARRIL

Son conjuntos que acostumbran a jugar con extremos a pierna cambiada, eso provoca que tengan la tendencia de ir

a recibir por dentro; sin embargo, hay situaciones que parten abiertos y, en sus conducciones en diagonal hacia dentro, logran atraer rivales en ese carril para liberar a compañeros de equipo más alejados de la acción.

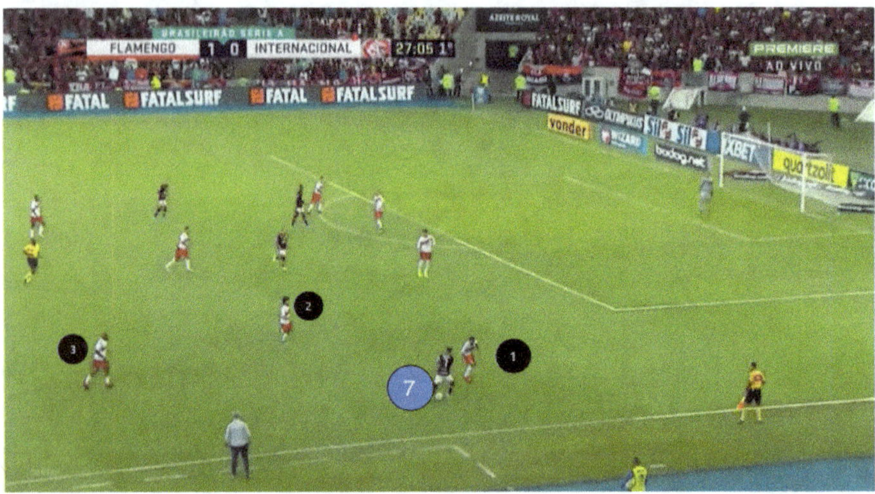

Ribeiro (7), extremo derecho abierto en banda, conduce el balón y logra centrar la atención directa de tres oponentes, permitiendo así que existan jugadores que vayan a quedar libres en otras zonas más alejadas.

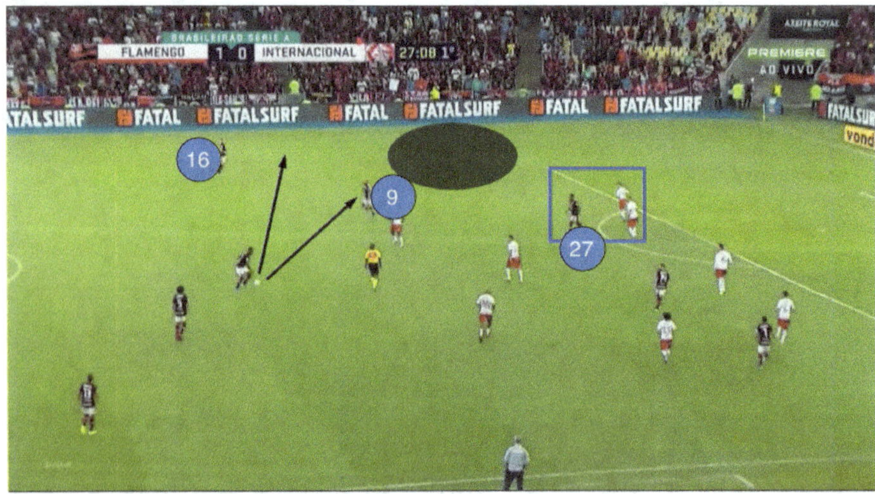

La conducción ha permitido un pase hacia dentro sobre uno de los pivotes y se observa como hay espacios en el costado izquierdo, hacia donde hay que llevar el balón; a través de un pase hacia Filipe Luís (16), lateral izquierdo, y que progrese en conducción; o mediante Gabriel Barbosa (9), delantero centro, que no recibirá tan abierto pero podrá fijar a su marcador para liberar por fuera y habilitar a su compañero. Cabe destacar, también, a Bruno Henrique (27, enlace) que hace la función de fijador; con su presencia en esa zona sujeta a la línea defensiva de ese costado para que no salga a presionar, ya que podría ser una amenaza, y genera la liberación de más espacio por fuera para que el balón gire rápido hacia esa zona.

SITUACIÓN 3: TOCAR, DESMARCARSE Y APARECER

Flamengo **5 - 0** Grêmio

Árbitro: P. Loustau

Una de las grandes características de los equipos de Jorge Jesus es la capacidad para moverse para no mantener estructuras fijas, con futbolistas intercambiando posiciones de manera constante y siempre con un gran dominio del espacio.

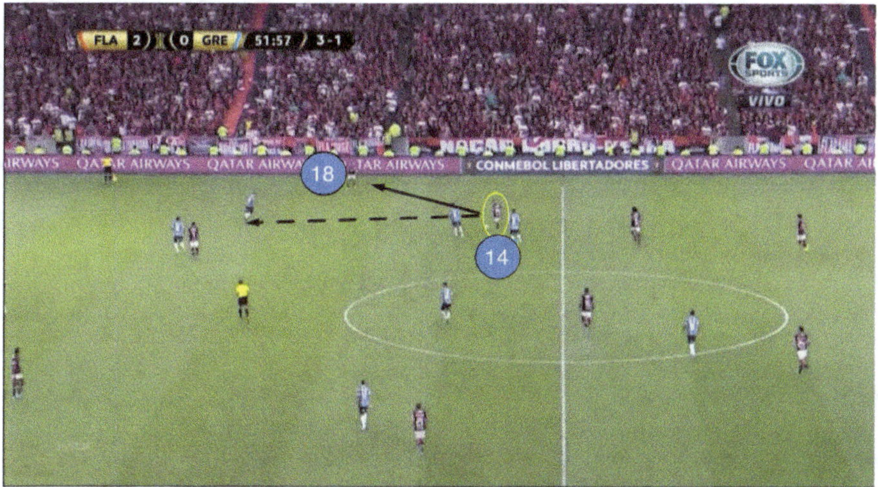

De Arrascaeta (14), ahora de enlace, juega con Rafinha (18) y, a partir de ahí, siempre será pasar y moverse, no permanecer inmóvil dando pocas opciones. De Arrascaeta, luego de tocar el balón, busca atacar el espacio a la espalda del lateral rival.

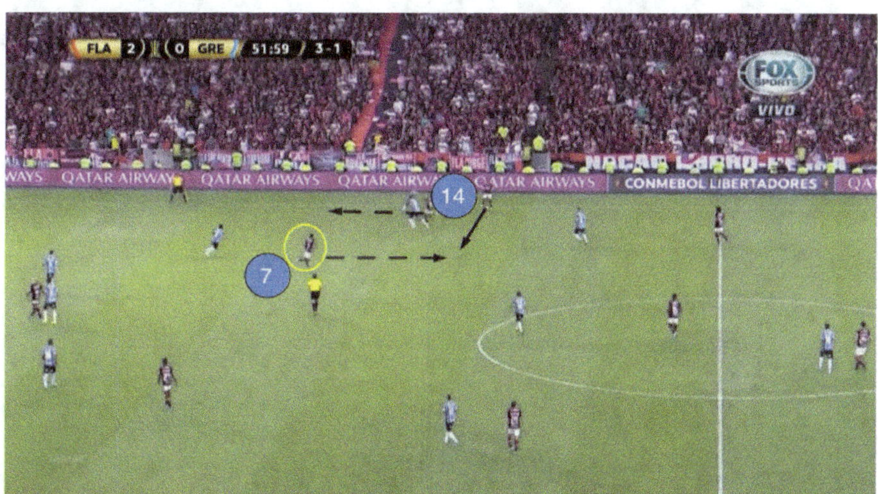

Ese movimiento de De Arrascaeta (14) genera el arrastre de su marca, inhabilitando un posible envío del lateral derecho (18) al espacio para su llegada; sin embargo, Ribeiro (7, extremo derecho), se muestra como opción en ese espacio que se

encuentra vacío. Cabe destacar que durante este partido, De Arrascaeta (14) y Bruno Henrique (27) han estado intercambiado sus posiciones de extremo izquierdo y enlace.

SITUACIÓN 4: SUPERIORIDAD POSICIONAL. OBTENER VENTAJA EN UN SEGUNDO PASE

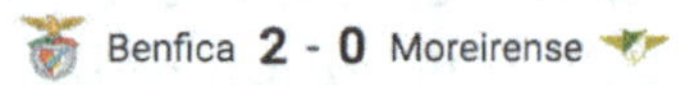

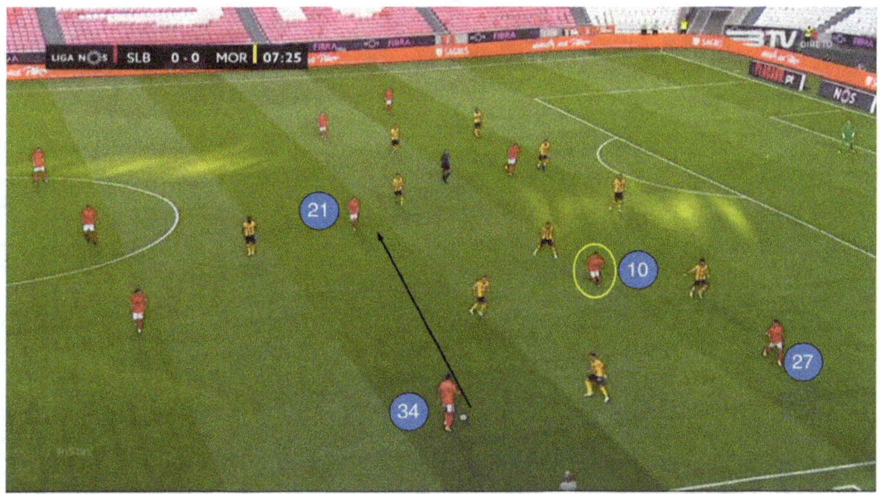

El Benfica tiene una gran disposición en el juego entre líneas. Pese a jugar con dos delanteros, no son referencias fijas arriba sino que tienen cualidades para aparecer a jugar en zonas donde se les pueden generar problemas al equipo rival. El delantero Waldschmidt (10) está en una superioridad posicional entre líneas, en una de esas zonas difíciles de defender; pese a que el rival tenga más jugadores en esa zona, la posición intermedia del atacante les causa problemas al oponente. El lateral derecho, André Almeida (34), no ve la opción de dar un pase directo para crear ese espacio interior que tiene el 10, quien también es ayudado por la amplitud que le está brindando el extremo derecho, Rafa Silva (27). El lateral derecho (34) buscará un primer pase al mediocentro derecho, Pizzi (21), con la intención de mover a la defensa rival y así crear huecos para filtrar otro pase.

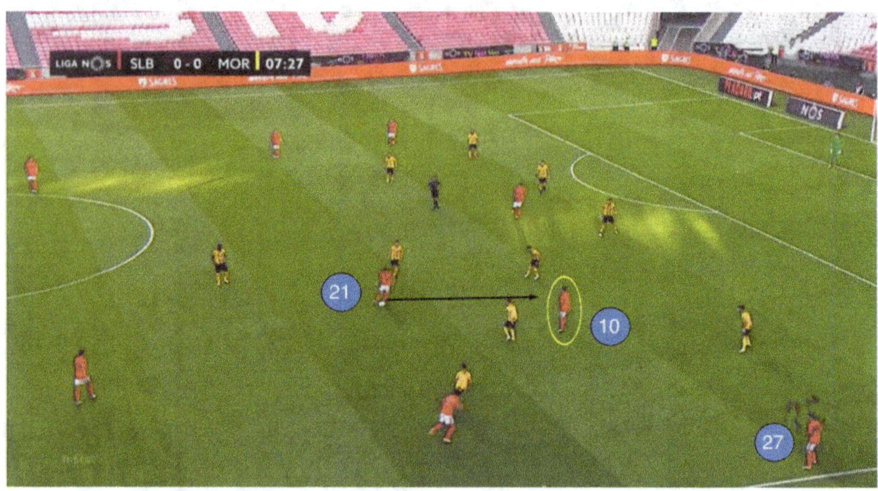

Al recibir el balón Pizzi (21), la defensa rival se centra en el movimiento del balón y abre espacios para el pase a Waldschmidt (10), que ha permanecido en el sitio para obtener esa ventaja posicional que tiene y recibir entre líneas para buscar superioridades en acciones posteriores.

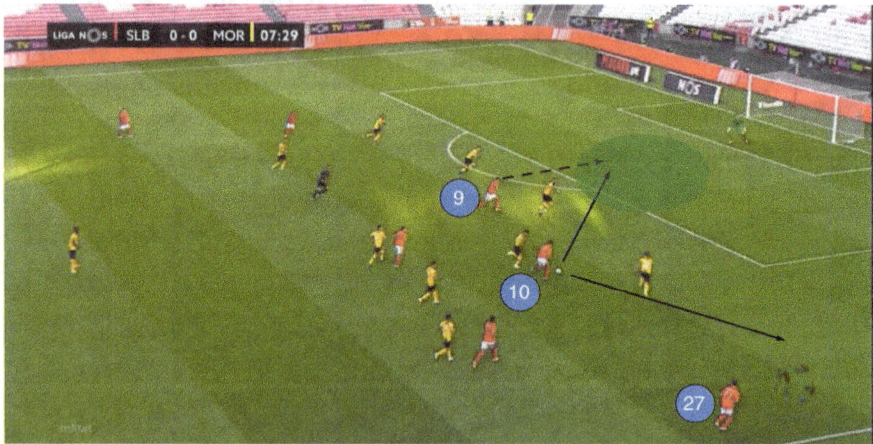

El control de Waldschmidt (10) es orientado hacia delante para poder atacar la línea defensiva rival y dejar a cuatro jugadores rivales por detrás del balón. Pese a tener inferioridad numérica han leído mejor los espacios y ahora disponen de ventaja para progresar; también, disponen de una posible superioridad de dos contra uno por fuera con Rafa Silva (27), extremo derecho, que permanece abierto para dificultar la ayuda defensiva del lateral izquierdo que estaba pendiente de marcarlo a él. Al mismo tiempo tiene la opción, que finalmente acaba eligiendo, que es la de jugar con su otro compañero, el delantero centro Darwin Nuñez (9), quien realiza un desmarque a la espalda del central izquierdo y le llega el balón en una situación de dos contra uno.

SITUACIÓN 5: ATACAR LOS INTERVALOS ENTRE LÍNEAS

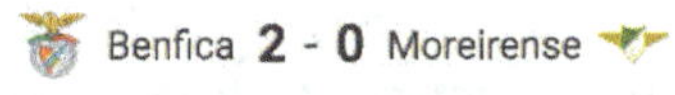

Como estamos viendo en las situaciones de juego de los equipos de Jorge Jesus, buscan tener un gran dominio del juego entre líneas, situando a muchos jugadores en esas posiciones.

Realizan la salida de tres jugadores desde atrás con un mediocentro situado entre los centrales para que estos puedan tener amplitud; como es el caso de, por ejemplo, Jan Vertonghen (5) que está muy abierto, actuando casi en posiciones naturales de lateral derecho. Podemos apreciar en la imagen como tienen un triángulo montado por fuera con el lateral derecho, André Almeida (34), quien se encuentra muy abierto y dando la mayor profundidad posible al ataque; con el extremo derecho, Rafa Silva (27), situado por dentro, entre líneas, haciendo dudar a la línea defensiva rival si salir hacia el balón o ver qué espacio y pase tapar. La última línea defensiva oponente también se encuentra fijada gracias a la posición de Waldschmidt (10), delantero situado entre central y lateral para que el lateral izquierdo no salga de inmediato a cerrar a la banda el pase hacia André Almeida (34).

El lateral derecho, André Almeida (34), recibe el pase que supera a la línea de presión de centrocampistas del contrario, sale en conducción hacia delante y busca un segundo pase. El delantero realiza un desmarque de ruptura que arrastra al central y al lateral izquierdo adversarios, liberando un espacio interior para Rafa Silva (27) que estaba situado en zonas interiores.

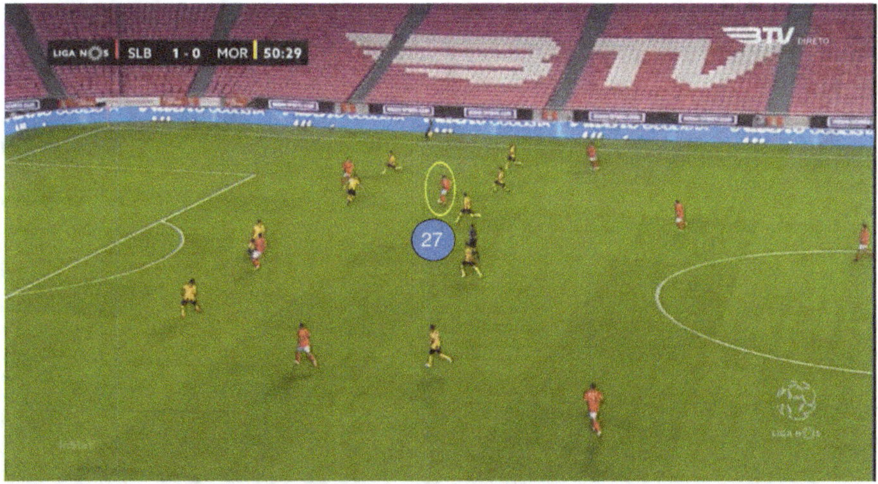

Rafa Silva (27) recibe y nos permite develar cómo en dos pases se han podido plantar cerca de la zona de finalización,

superado a cinco jugadores rivales. A partir de ahí, el extremo derecho, Rafa Silva (27), puede buscar un pase profundo hacia el delantero que continúa situado en ese intervalo entre defensores contrarios, haciendo dudar a los defensas sobre quién sigue al atacante y quién sale a cortar el avance del balón.

4.5 ZONA DE FINALIZACIÓN

SITUACIÓN 1: RUPTURA DE LOS DELANTEROS HACIA FUERA

Filipe Luís (21), lateral izquierdo, recibe y empieza a conducir mientras fija al oponente más próximo; al mismo tiempo, se produce un desmarque de apoyo de De Arrascaeta (14), extremo izquierdo, para ofrecer una salida de balón por fuera, mientras provoca el arrastre de la marca del lateral contrario.

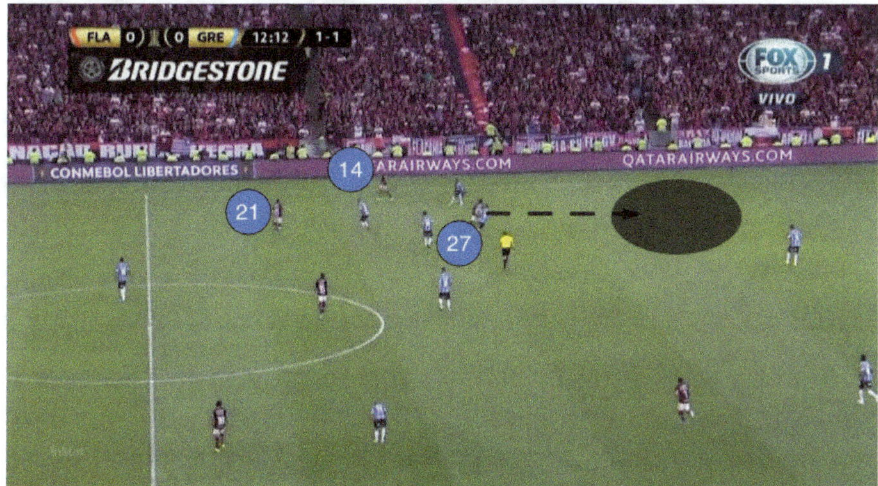

Bruno Henrique (27), enlace, brinda apoyo a Filipe Luís (21) pero, a su vez, realiza el movimiento contrario a De Arrascaeta (14); mientras uno (el 14) realiza un desmarque de apoyo, el otro (el 27) rompe al espacio que se ha creado con el arrastre del lateral rival. Filipe Luís temporiza muy bien la jugada al esperar el momento justo en el que puede dar el pase.

En el ejemplo que vemos a continuación apreciamos como buscan ese desmarque de ruptura por fuera, a la espalda de los laterales; en este caso es del extremo derecho, Éverton Ribeiro (7).

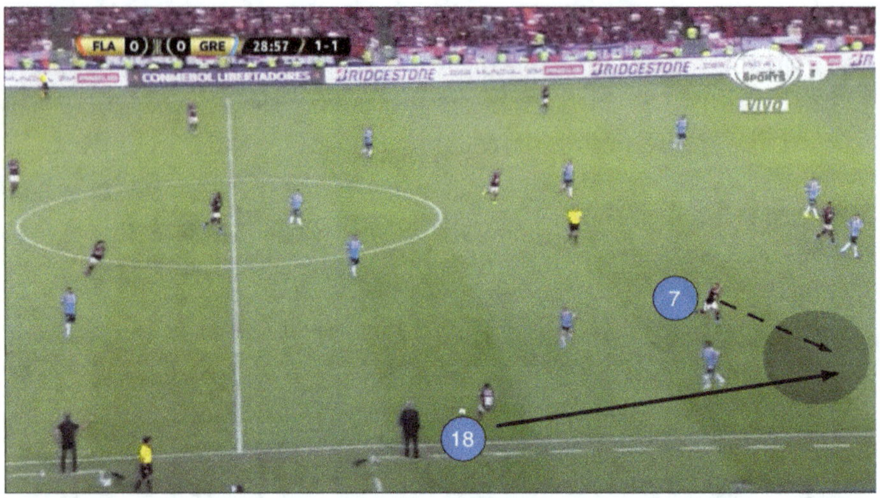

Rafinha (18), lateral derecho, recibe muy profundo; mientras tanto, el extremo Ribeiro (7) parte de una posición interior que hace que el lateral rival no lo pueda detectar, debido a su concentración exclusiva en el balón y a su mala coordinación con su compañero. De esta manera, queda un espacio amplio a la espalda del lateral oponente que Ribeiro (7) ataca con su desmarque de dentro hacia fuera. Los defensores centrales están lejos de una posible cobertura a su compañero.

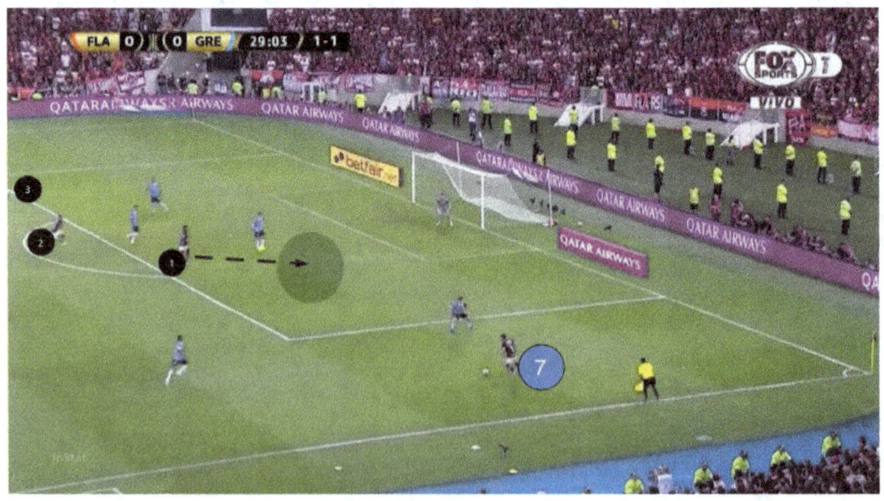

Ribeiro (7) recibe con espacios y llega la tardía ayuda del

defensor central, dejando un intervalo de espacio con el otro central que puede ser atacado por los atacantes del Flamengo. Como veremos en profundidad, más adelante, los equipos de Jorge Jesus siempre buscan llegar con un mínimo de tres jugadores a zonas de remate en el área; en este caso, existe una igualdad numérica con la defensa rival.

SITUACIÓN 2: EL PASE DENTRO-FUERA

En esta situación podemos apreciar una variante que también realizan los equipos de Jorge Jesus en sus partidos, cuando el lateral va en progresión con el balón y el delantero (o extremo) tira un desmarque hacia fuera a la espalda del lateral.

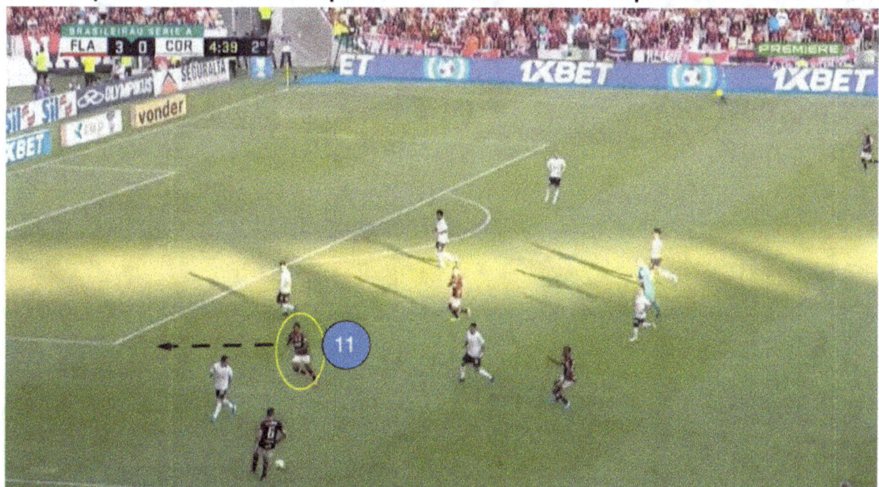

Vitinho (11, ingresado en el segundo tiempo como delantero), ante la subida del lateral derecho rival, realiza un desmar-

que de ruptura desde dentro hacia fuera sobre la espalda del oponente; sin embargo, en este caso el lateral del Corinthians lo tiene controlado periféricamente y logra cubrir esa opción de pase directo al espacio.

Ese desmarque de ruptura hacia fuera de Vitinho (11), permite una opción de pase con De Arrascaeta (14), extremo izquierdo, que se encuentra situado entra líneas. De Arrascaeta (14) se convierte en el enlace indirecto para habilitar a Vitinho (11), que es el jugador con opciones de progresar a la espalda de la línea defensiva. Este pase hacia dentro hace cambiar por completo la orientación defensiva del defensor lateral del Corinthians, perdiendo esa ventaja posicional que tenía en la imagen anterior; ahora ya es un dos contra uno frente al defensor central con muchas dificultades de defender la jugada para el lateral.

SITUACIÓN 3: LLEGADAS CON 3 JUGADORES AL ÁREA

Los equipos de Jorge Jesus son conjuntos con muchas llegadas de los laterales por fuera, sobre todo en las situaciones que el extremo aparece para recibir por zonas interiores; esto le da la posibilidad a los laterales de buscar mucha profundidad por banda.

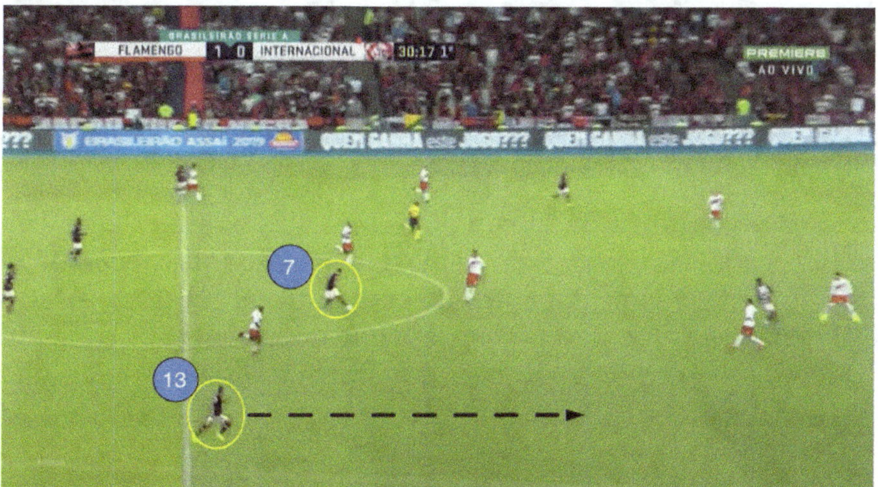

Ribeiro (7) abandona su posición de extremo derecho y se posiciona para recibir por dentro, lo que genera espacios para que Rafinha (13), lateral derecho, pueda progresar y sacar un envío al área.

Una vez que se da la subida del lateral, buscan llegar con tres jugadores a zonas de remate. Es frecuente observar el movimiento de los atacantes de caer entre el central y el lateral rival; así, se genera un espacio entre los centrales oponentes debido a sus desmarques, que permite la entrada de uno de los atacantes (Ribeiro, en este caso) a ese espacio.

4.6 TRANSICIONES DEFENSA-ATAQUE

Jorge Jesus busca jugadores de mucha velocidad para los últimos metros y que tengan aceitada la costumbre de tirar desmarques continuos. Por la forma que lleva a cabo la presión, cuenta con dos futbolistas que permanecen arriba cerca de los centrales contrarios; lo que provoca que, si su línea defensiva o de medios consigue robar el balón, tenga muchos espacios para atacar.

CAPÍTULO 5

TAREAS DE ENTRENAMIENTO

En este capítulo vamos a mostrar una serie de ejercicios para los tres momentos ofensivos que hemos ido viendo a lo largo del libro.

5.1 ZONA DE INICIO

1. SALIDA CON MEDIOCENTRO ENTRE CENTRALES

A) JUEGO REDUCIDO CON OPOSICIÓN

En esta situación vamos a crear una progresión desde un ejercicio reducido a un ejercicio global. El objetivo será trabajar la salida del balón desde atrás con tres jugadores junto a un cuarto futbolista, que será la punta del rombo.

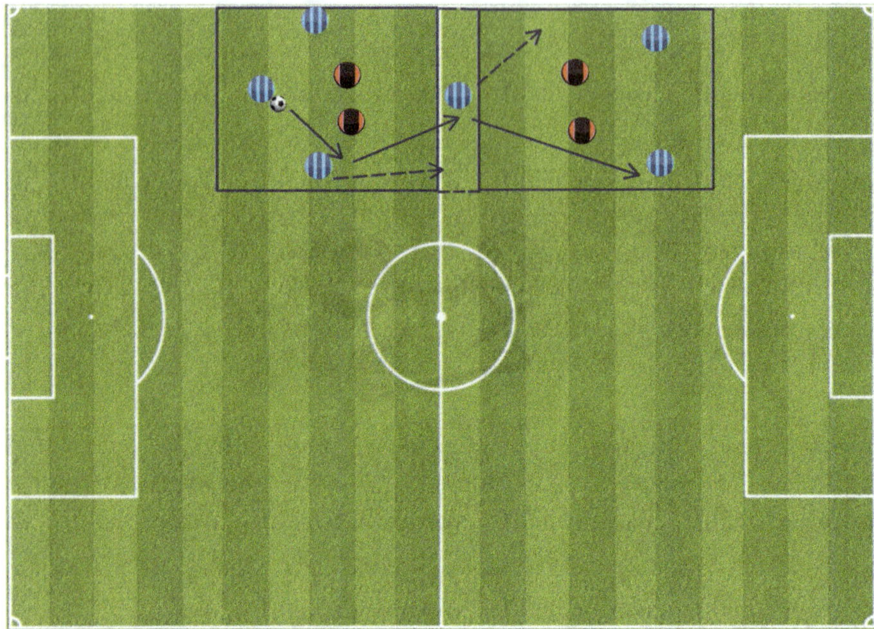

El primer ejercicio es una tarea reducida en la que buscamos trabajar los automatismos con los centrales y mediocentros. El objetivo es lograr una situación de salida de tres jugadores junto a un cuarto por delante.

Jugadores: 4 contra 2 + 2 contra 2 en el lado contrario. En total son 5 de un equipo contra 4.

Descripción: en un espacio se realiza un tres contra dos con un cuarto jugador posicionado en una zona intermedia, entre los dos espacios, donde no puede ser presionado. Una vez que llega el balón al jugador de la zona intermedia, automáticamente debe girar el balón hacia los futbolistas del espacio contrario; también, para girar el balón podría jugar de cara con otro jugador de ese mismo espacio, así se potencia el concepto del tercer hombre. Una vez que llega el balón al otro espacio, el jugador que estaba en la zona intermedia se meterá dentro de ese sector para crear un tres contra dos y buscar la superioridad; mientras tanto, un jugador del espacio opuesto se posicionará en el rectángulo intermedio para crear la punta del rombo.

B) SITUACIÓN REAL CONDICIONADA

En este segundo ejercicio ya participan más jugadores. Se busca una posición más específica en el campo para trabajar la salida de balón con cada uno en un sector puntual.

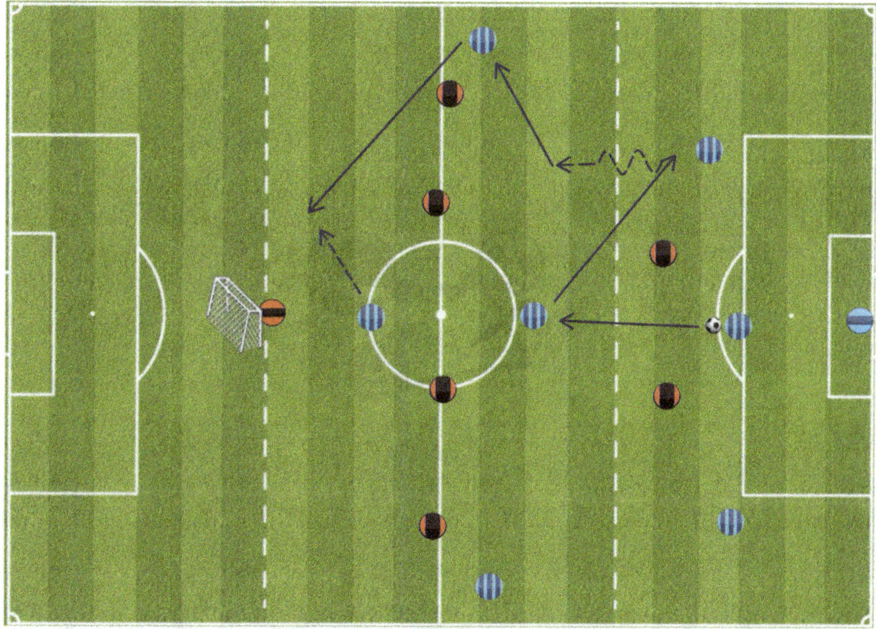

Jugadores: 2 porteros y 7 contra 6.

Descripción: en el primer espacio de juego, el equipo en posesión del balón inicia la jugada con la línea de tres futbolistas y el portero. Los tres jugadores del fondo, que serían dos defensores centrales y un mediocentro, enfrentan una presión alta de dos delanteros rivales. El objetivo será superar esa presión inicial y tocar hacia el espacio contrario donde hay una igualdad de cuatro contra cuatro futbolistas; sin embargo, esa equidad se puede desequilibrar si se juega de cara con un defensor central abierto que sale en conducción para fijar y pasar. Los otros cuatro futbolistas del equipo en posesión estarán con-

formados por otro mediocentro, dos laterales profundos y un delantero que buscarán la superioridad entre líneas. El objetivo será acabar marcando un gol, jugando hasta la zona de tres cuartos del campo. Si el equipo que defiende logra recuperar la posesión del balón, buscará finalizar mientras los contrarios se tendrán que reorganizar defensivamente.

2. JUEGO ENTRE LÍNEAS

A) JUEGO REDUCIDO CON OPOSICIÓN

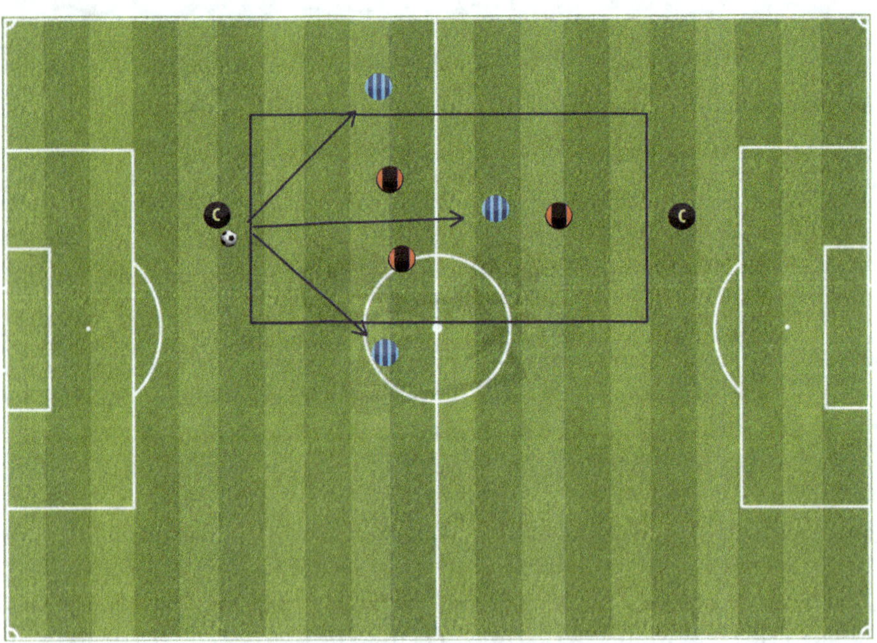

Jugadores: 3 contra 3 + 2 comodines.

Descripción: por fuera del rectángulo, en los lados más cortos, se sitúan dos comodines, un central que inicia con el balón y un delantero ubicado en el lado opuesto. En cada equipo tenemos tres futbolistas. El conjunto que ataca tendrá un jugador dentro del rectángulo y otros dos futbolistas por fuera del mismo, situados en los lados más largos. El objetivo es pasarse el balón, tocando obligatoriamente con el mediapunta entre líneas por dentro y así llegar a jugar con el delantero para poder sumar un punto. Si el equipo contrario recupera el balón, pasará a jugar con los comodines y tomará las posiciones del equipo que antes atacaba, dos jugadores por fuera y uno por dentro; mientras que el equipo que ahora defiende, tendrá a sus tres integrantes dentro del rectángulo.

Es un juego de posición, idealmente, para un esquema de juego de 4-3-3. En el lado contrario podemos hacer el mismo ejercicio pero con los jugadores del perfil diestro. También, como variante, existe la posibilidad de añadir un jugador extra para cada equipo dentro del rectángulo, generándose un cuatro contra cuatro más los dos comodines.

B) SITUACIÓN REAL CONDICIONADA

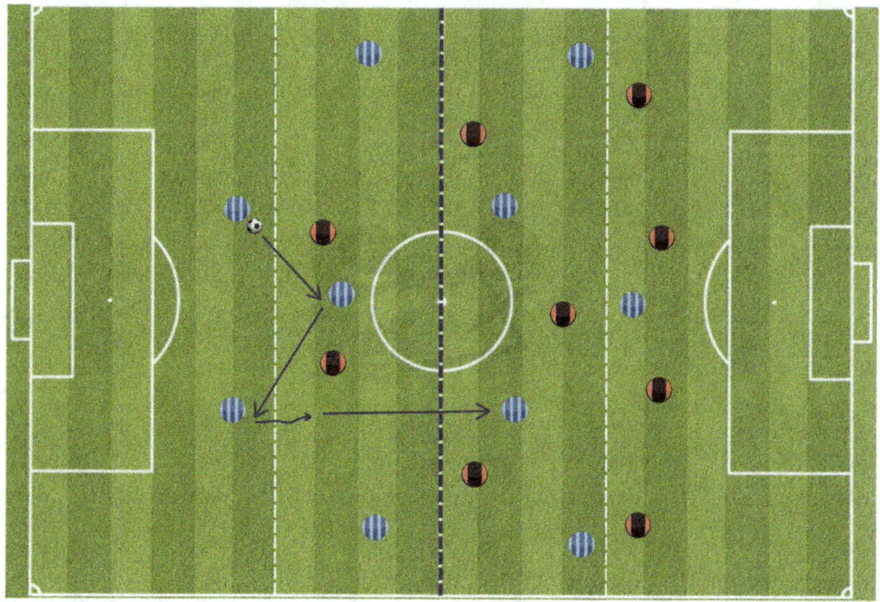

Jugadores: 11 contra 9.

Descripción: la situación empieza con los centrales que

pueden jugar con el mediocentro o los laterales, quienes están en otra zona; también, pueden avanzar en conducción del balón; el objetivo será el de romper líneas defensivas rivales para acabar filtrando un pase con uno de los dos interiores, los cuales se encuentran entre líneas en otra zona del campo. Una vez que reciben los interiores, buscarán finalizar con un remate a la portería con la ayuda del delantero centro y de los dos extremos.

<u>3. JUGAR A LA ESPALDA DEL QUE TE PRESIONA</u>

A) JUEGO REDUCIDO CON OPOSICIÓN

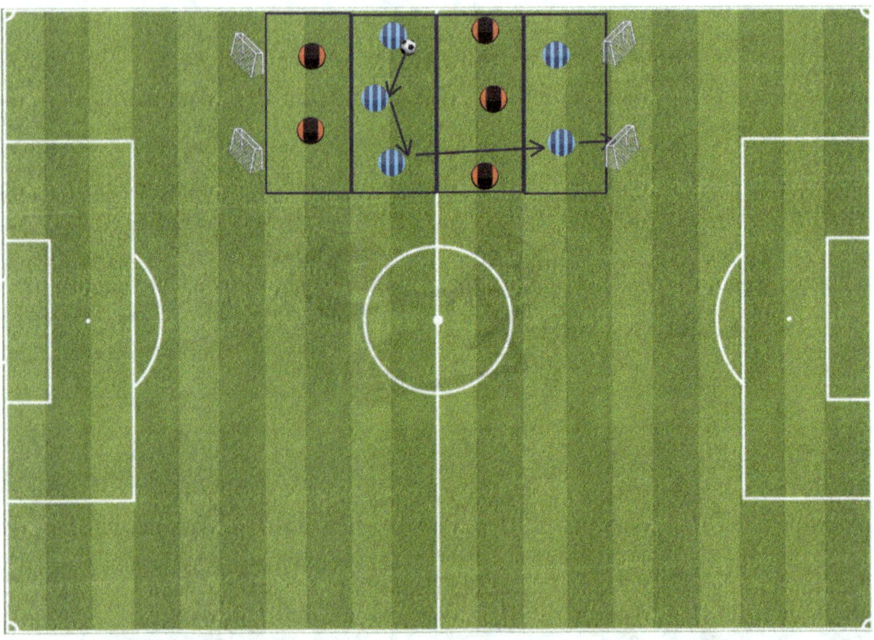

Jugadores: es un 5 contra 5 dividido en 4 zonas. Se reparten 3 integrantes de un equipo en una zona y los otros 2 futbolistas del mismo equipo en otra zona alejada.

Descripción: un equipo comienza con el balón en una de las

zonas del medio, que no podrá ser invadida por los contrarios situados en uno de los extremos. El objetivo será mover el balón con rapidez de lado a lado y provocar, con conducciones cortas hacia delante, que los tres oponentes de la otra zona del medio se desajusten en su basculación defensiva; a partir de ahí, la intención será la de encontrar un pase a la espalda de uno de los dos compañeros ubicados en la zona del extremo del rectángulo. Finalmente, tendrán que rematar en una de las dos porterías. Para intentar incrementar la dificultad y velocidad del juego, se podrá imponer un máximo de dos toques. El equipo que defiende, si de entrada no logra interceptar el balón, podrá replegar rápido para tratar de impedir la situación de finalización del rival; en caso de que recuperen el balón, ellos pasarán a iniciar el ejercicio. Es importante que los jugadores de los extremos, que están a la espera de recibir, se muevan en función de la ubicación del balón y de los oponentes para poder crear líneas de pase.

B) SITUACIÓN REAL CONDICIONADA

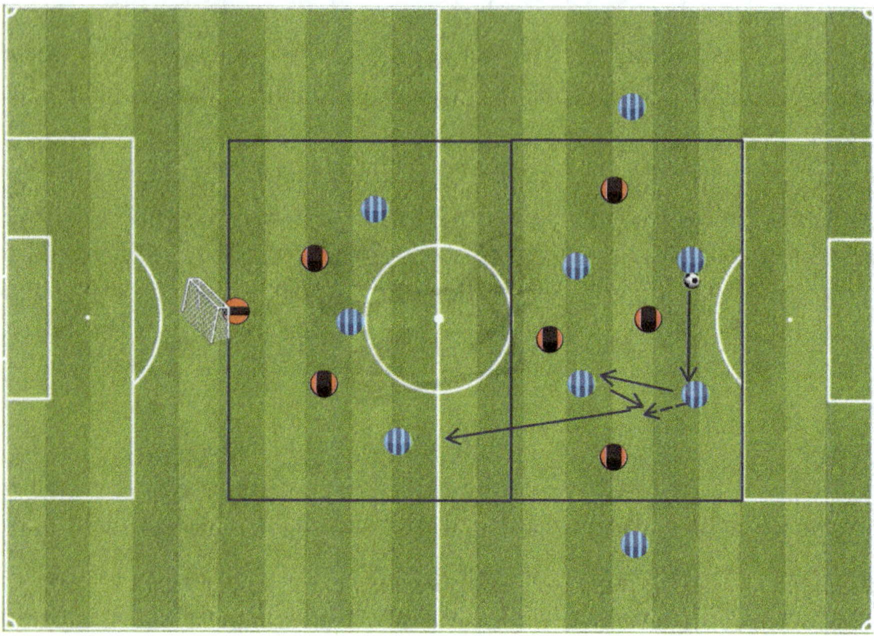

Jugadores: 9 contra 6 y un portero.

Descripción: en la primera zona se realiza una posesión de seis futbolistas, dos de ellos fuera del rectángulo para dar amplitud, contra cuatro oponentes. Una vez que realicen un mínimo de tres pases entre ellos, podrán conectar con el siguiente espacio marcado donde habrá tres compañeros de equipo junto a dos rivales más el portero. El equipo que defiende podrá recibir la ayuda de los otros integrantes que replieguen. Los jugadores del equipo atacante, que están situados fuera de la zona delimitada, solo podrán ofrecer ayuda desde ese sector exterior, no tienen posibilidad de ingresar a ninguno de los dos rectángulos. Por último, el objetivo final será el de marcar gol en la portería.

5.2 ZONA DE PROGRESIÓN

1. CAMBIOS DE ORIENTACIÓN

A) JUEGO REDUCIDO CON OPOSICIÓN

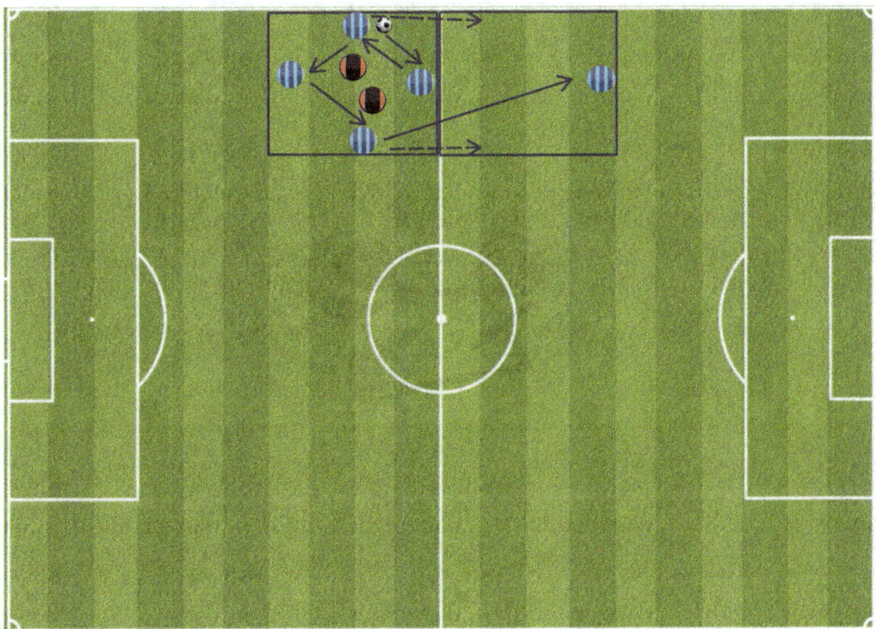

Jugadores: 4 contra 2 (+1).

Descripción: el ejercicio se realiza en dos espacios reducidos; en el primero hay un cuatro contra dos, donde el equipo en superioridad tratará de dar un mínimo de cuatro pases antes de cambiar la orientación del juego hacia el otro espacio; en el segundo sector hay un jugador del equipo en posesión que será el receptor del pase final. Si los dos integrantes del equipo que defiende no consiguen recuperar el balón, tendrán que desplazarse hacia el lado contrario; al mismo tiempo, los dos jugadores situados en las bandas del equipo atacante se desplazarán para jugar en el otro espacio; lo mismo que hará

el futbolista ubicado entre los dos espacios, quien se girará para crear el cuatro contra dos inicial pero ahora en el otro lado. Si un integrante del conjunto defensor recupera el balón, intercambiará la posición con el jugador que ha fallado en el pase.

B) SITUACIÓN REAL CONDICIONADA

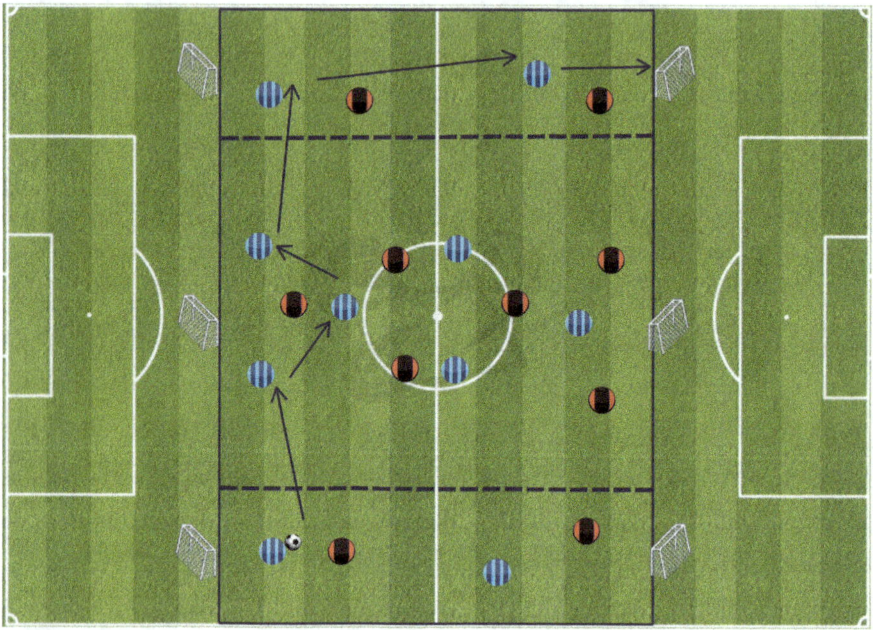

Jugadores: 10 contra 10.

Descripción: se juega una situación con el número real de jugadores de campo, sin portero y con tres zonas delimitadas en el plano vertical del espacio. Cada equipo defiende tres porterías y ataca en las otras tres opuestas; convertir en las porterías de las bandas vale dos puntos, mientras que marcar en la del medio equivale a un punto. Además, si el equipo en posesión consigue que el balón pase por las tres zonas marcadas, con al menos un pase en cada una, consigue un punto adicional por los cambios de orientación.

2. CREAR SUPERIORIDADES CON EL DELANTERO

A) JUEGO REDUCIDO CON OPOSICIÓN

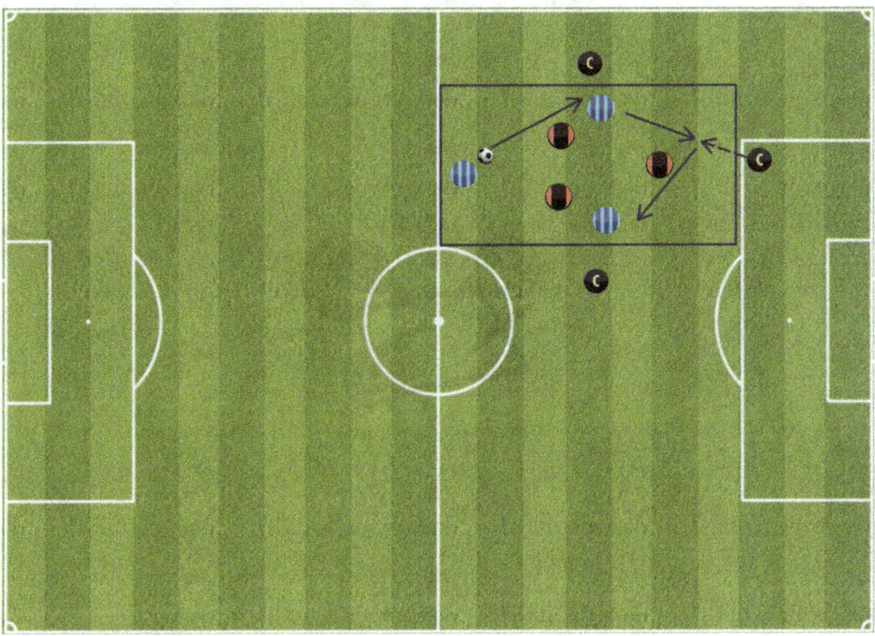

Jugadores: 3 contra 3, más 3 comodines que van con el equipo en posesión del balón.

Descripción: en el espacio interior se disputa una posesión de balón de tres contra tres con los jugadores del mediocampo. Por fuera están situados dos extremos y el delantero centro, el cual podrá ingresar al rectángulo para crear una situación de rombo y superioridad de cuatro contra tres, junto con los apoyos exteriores de los otros dos comodines. Si el equipo que defiende recupera el balón, pasará a ser el que mantendrá la posesión del balón.

B) SITUACIÓN REAL CONDICIONADA

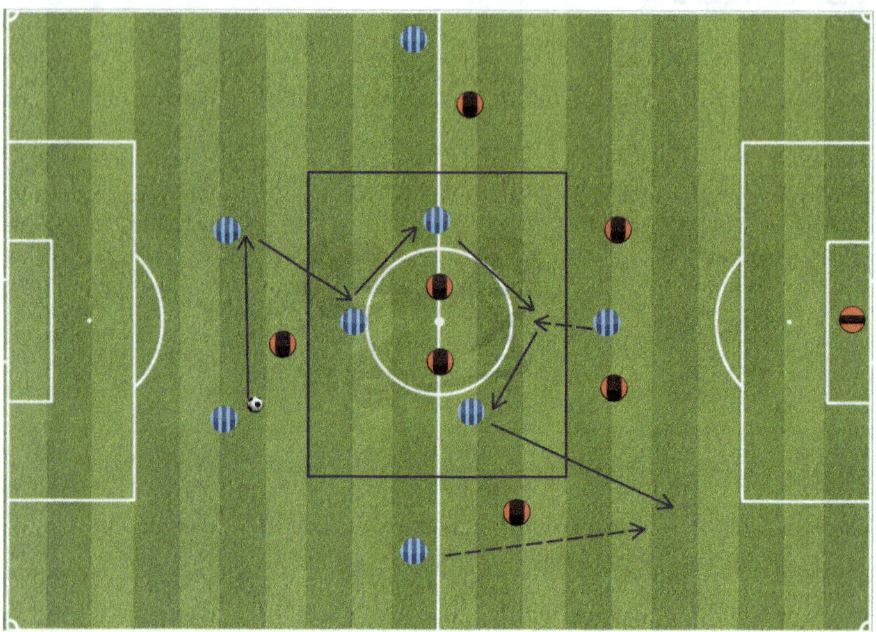

Jugadores: 8 contra 7 más el portero.

Descripción: la jugada se inicia con los dos centrales del equipo atacante, que tienen una situación de dos contra uno; además, cuentan con la ayuda por fuera de los laterales profundos. El balón ha de llegar al espacio interior delimitado; en ese momento es cuando el delantero centro ingresa al rectángulo para combinar rápido con sus compañeros, al menos con tres pases, y buscar una jugada de ataque para finalizar en la portería rival. Si vemos mucha superioridad en el espacio interior, podemos añadir un integrante más para el equipo que defiende, así se crea un cuatro contra tres en esa zona. El único futbolista que puede entrar y salir de la zona marcada es el delantero centro.

3. EL TERCER HOMBRE

A) JUEGO REDUCIDO CON OPOSICIÓN

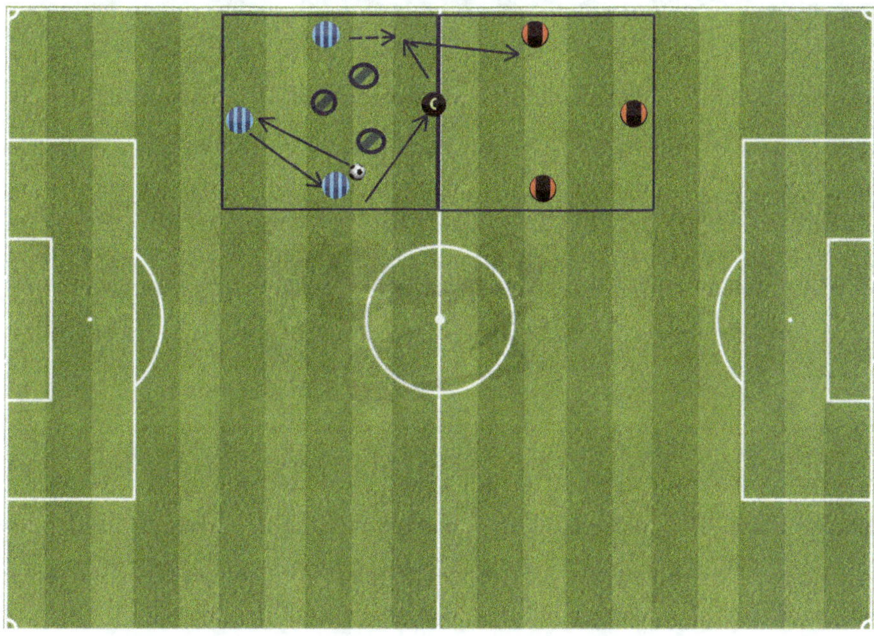

Jugadores: 3 equipos de 3 jugadores + 1 comodín. En cada espacio se realiza un 4 contra 3.

Descripción: en uno de los cuadrados delimitados se realiza un tres contra tres más la ayuda del comodín, que permitirá generar una superioridad en el equipo que tiene el balón. Cuando se ha logrado un mínimo de cuatro pases, hay que buscar conectar con el comodín y dejar de cara a un tercer jugador; de esta manera se obtiene el cambio de la orientación del juego, pudiéndose pasar el balón al equipo que espera en el otro cuadrado. Si el equipo que defiende recupera el balón, se reiniciará el ejercicio con el cambio de roles: el equipo que perdió la posesión pasará a defender en la próxima jugada.

B) SITUACIÓN REAL CONDICIONADA

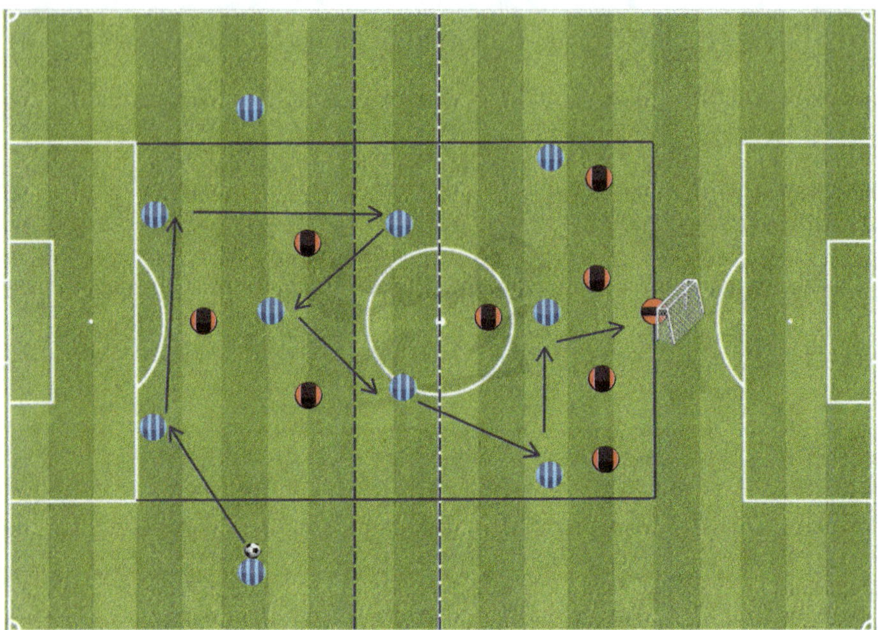

Jugadores: 10 contra 8 más 1 portero.

Descripción: trabajamos una salida de balón condicionada en un esquema de juego 4-3-3. En una primera zona delimitada se sitúan dentro los dos centrales más el mediocentro, mientras los laterales quedan por fuera del rectángulo dando amplitud. En una zona intermedia están los dos interiores, que son los encargados de hacer la función del tercer hombre. En la última zona marcada están los extremos y el delantero centro.

El objetivo del equipo en posesión es el de conectar con los interiores, en ese espacio intermedio, para activar el pase de cara con el mediocentro; a partir de ahí intentarán progresar hacia la última zona y finalizar la jugada con un remate a portería. A esa zona final se podrá incorporar uno de los interiores por dentro, mientras los laterales podrán dar amplitud por fuera para buscar un centro.

5.3 ZONA DE FINALIZACIÓN

1. AMPLITUD POR FUERA

A) JUEGO REDUCIDO CON OPOSICIÓN

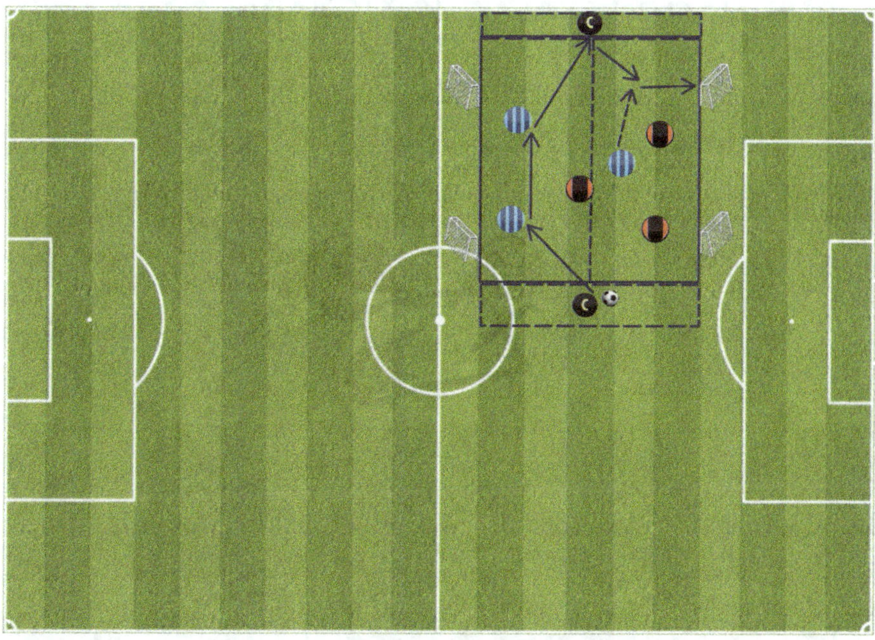

Jugadores: 3 contra 3, más 2 extremos de comodines por fuera.

Descripción: el espacio se divide en dos sectores de manera horizontal y en tres sectores de manera vertical. El equipo que tiene la posesión cuenta con dos mediocentros en uno de los espacios del centro y un interior en el espacio contrario; los extremos, que son los comodines, van por fuera intentando dar amplitud. El objetivo es mover el balón dando velocidad al juego y buscando la máxima amplitud posible para finalizar con el interior en una de las dos porterías. Uno de los dos

mediocentros, del equipo que defiende, puede salir a presionar al espacio contrario. El sistema de puntuación es de dos maneras; por un lado, 1 punto si el equipo atacante mueve el balón de comodín a comodín, dando la máxima amplitud posible sin que el equipo defensor logre recuperar; por otro lado, 1 punto si el equipo en posesión marca un gol en una de las dos porterías.

B) SITUACIÓN REAL CONDICIONADA

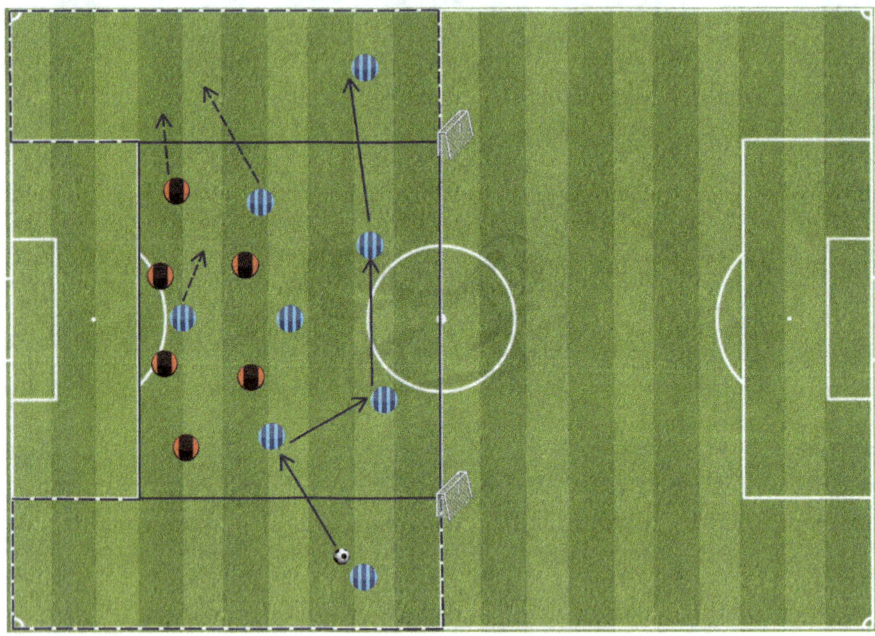

Jugadores: 8 contra 6.

Descripción: situación de ataque-defensa, con el equipo en posesión del balón atacando en tres espacios. En los sectores exteriores siempre permanecen fijos los laterales, mientras que los extremos se moverán entre el espacio interior y el exterior, priorizando explotar este último. El equipo que inicia jugará el balón por dentro para acabar por fuera, buscando situaciones de dos contra uno en banda con extremo y lateral contra solo un defensor rival que entrará a esa zona. El objetivo es finalizar dentro de la portería el mayor número de jugadas con disparos o centros previos, siempre con la prioridad de jugar por fuera y aprovechar las superioridades. Si el equipo que defiende logra recuperar el balón, tiene la opción de convertir en una de las dos porterías del mediocampo.

2. DESDOBLAMIENTOS DEL LATERAL

A) JUEGO REDUCIDO CON OPOSICIÓN

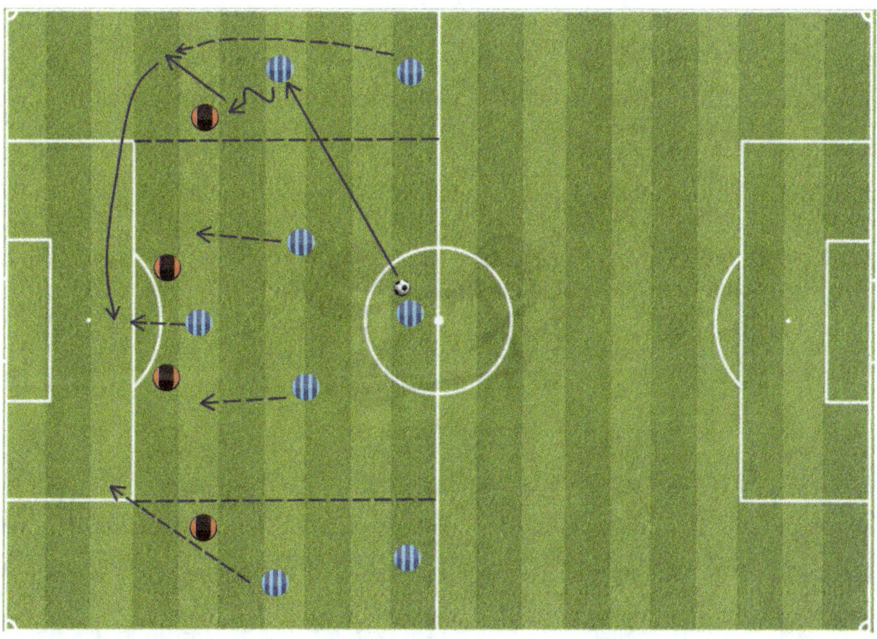

Jugadores: 8 contra 4 (en cada jugada solo participan los jugadores de uno de los costados).

Descripción: situación para trabajar automatismos en la creación de jugadas de dos contra uno sobre la banda con la incorporación del lateral. La oposición rival es pasiva para permitir que se pueda realizar la jugada. El equipo en posesión del balón está posicionado en una estructura de 4-3-3. La jugada inicia con un pase del mediocentro hacia la banda para el extremo, el cual controla y encara al defensor lateral oponente mientras espera la subida por fuera de su compañero; ante ese desdoble, el extremo podrá habilitar a su compañero para que envíe un centro al área, donde llegarán el delantero centro, el otro extremo y los interiores para rematar. Se pueden buscar variantes a estas acciones, buscando diferentes asociaciones de pase hasta llegar a la banda y crear el dos contra uno que nos interesa trabajar.

B) SITUACIÓN REAL CONDICIONADA

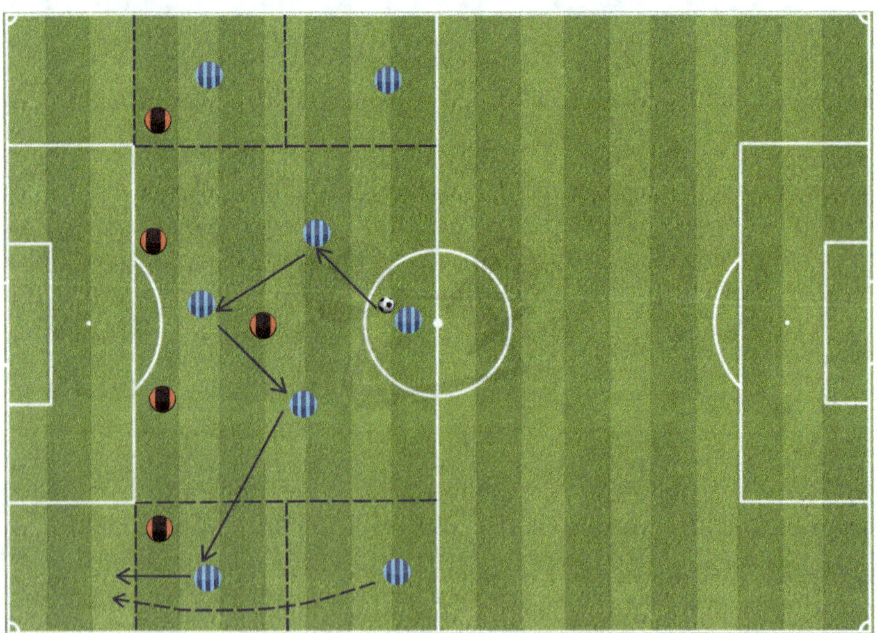

Jugadores: 8 contra 5.

Descripción: en la parte central hay una situación de cuatro contra tres, donde los integrantes del equipo que ataca tendrán que dar un mínimo de tres pases y buscar la apertura hacia la banda. Extremos y laterales están divididos en dos espacios exteriores pequeños, esperando que el balón llegue a sus respectivas zonas; una vez arribado el esférico, tendrán la ventaja de tener una superioridad de dos contra uno que resolverán en función de lo que haga el defensor. Si el defensor decide taparle el pase al lateral, el extremo tendrá el camino libre para ir hacia dentro; en cambio, si elige cubrir el camino interior, el extremo podrá buscar la superioridad con el lateral.

3. DESMARQUES DE RUPTURA Y ATACAR INTERVALOS

A) JUEGO REDUCIDO CON OPOSICIÓN

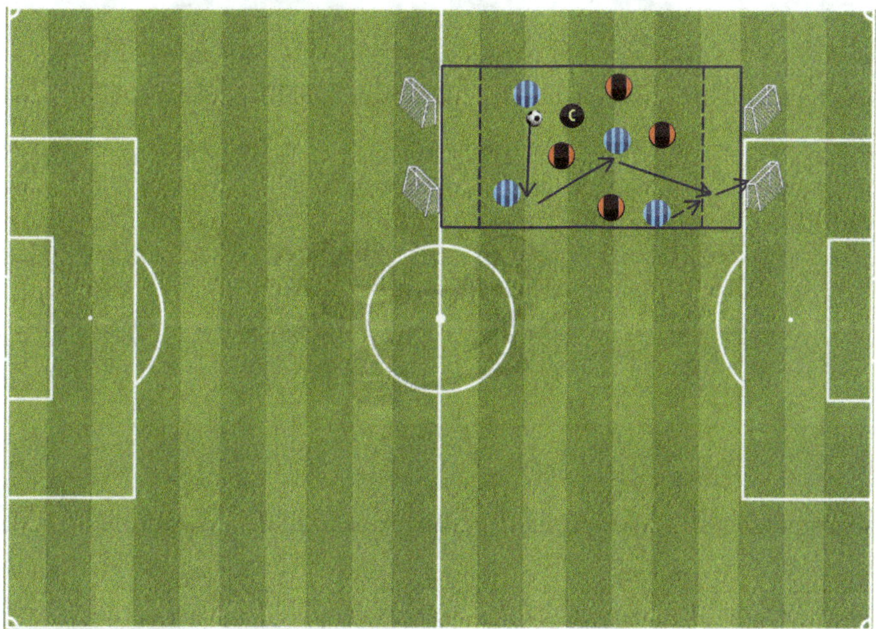

Jugadores: 4 contra 4, más 1 comodín que va con el equipo que ataca.

Descripción: se realiza una posesión de cuatro contra cuatro más el comodín que va con el equipo que tiene el balón en su poder. Se juega a dos toques por jugador, como máximo, para intentar darle velocidad al juego. El objetivo es jugar en

el área delimitada hasta que surja la oportunidad de filtrar un pase al espacio dentro de la zona marcada entre la línea de puntos y las dos porterías; así, un jugador desde atrás realizará un desmarque de ruptura al espacio, controlará el balón y finalizará en una de las porterías. A esa zona delimitada no se puede entrar, solo cuando el balón ingresa en la misma. Se busca sincronización entre el pasador y el receptor en su desmarque.

B) SITUACIÓN REAL CONDICIONADA

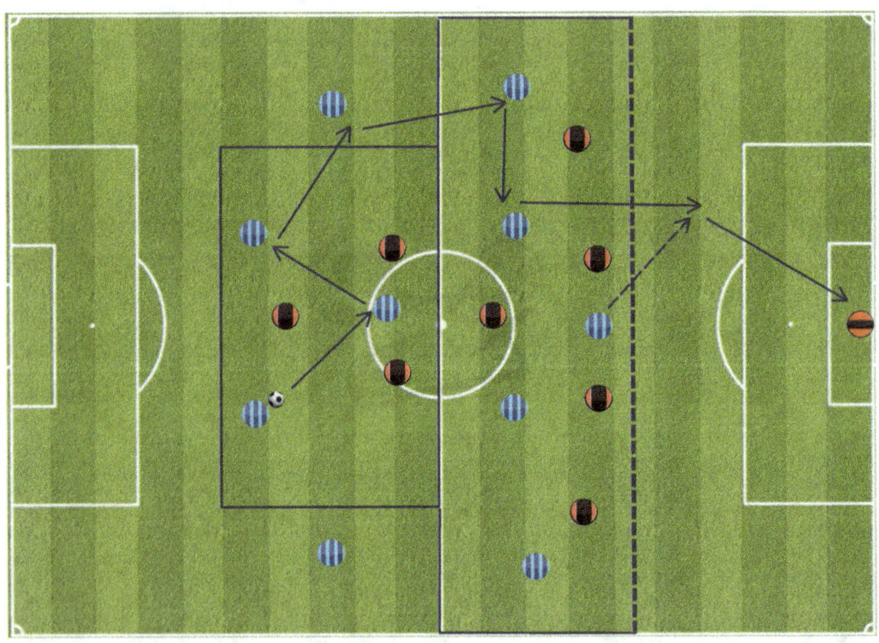

Jugadores: 10 contra 8, divididos en dos espacios.

Descripción: el equipo atacante realiza el objetivo del trabajo estructurado en un sistema de 4-3-3. En el primer espacio se juega un cinco contra tres, con los laterales por fuera, donde el objetivo será el de realizar un mínimo de tres pases para llegar al espacio siguiente. Una vez allí, se jugará un cinco contra cinco con un espacio delimitado por la línea de puntos, la cual no podrá ser traspasada hasta que un jugador del equipo en posesión envíe un balón al espacio para el desmarque de ruptura de un compañero a ese sector. Finalmente, se buscará finalizar con un remate a la portería.

5.4 TRANSICIONES DEFENSA-ATAQUE

1. ROBAR Y SALIR DE ZONA

A) JUEGO REDUCIDO CON OPOSICIÓN

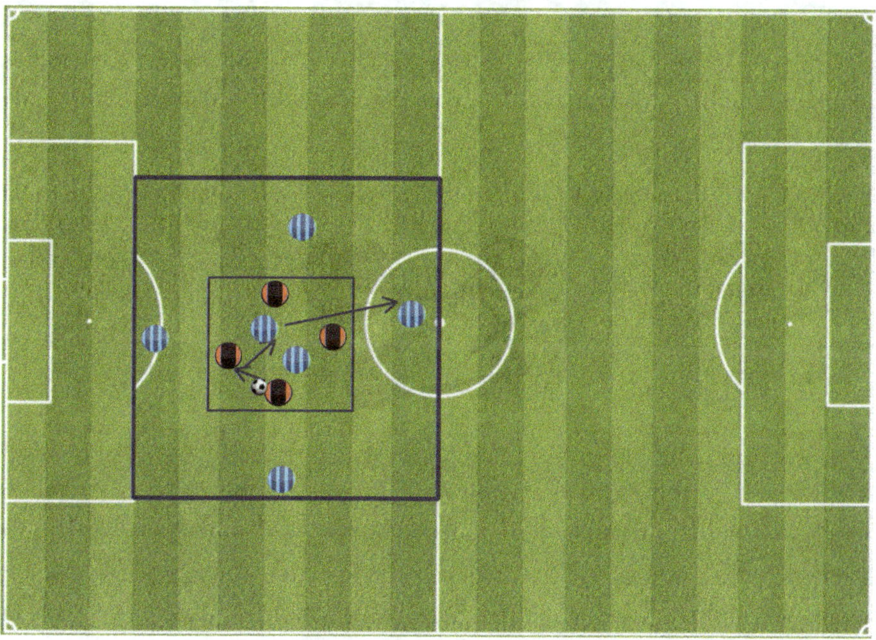

Jugadores: 4 contra 2 + 4 contra 6.

Descripción: el equipo en posesión empieza en un espacio reducido con superioridad cuatro contra dos, mientras el otro conjunto intentará robar el balón y llevarlo al espacio más grande con una superioridad de seis futbolistas contra cuatro oponentes. Luego, una vez que el conjunto que había arrancado con la posesión vuelve a recuperar el balón, se iniciará

nuevamente el ejercicio.

B) SITUACIÓN REAL CONDICIONADA

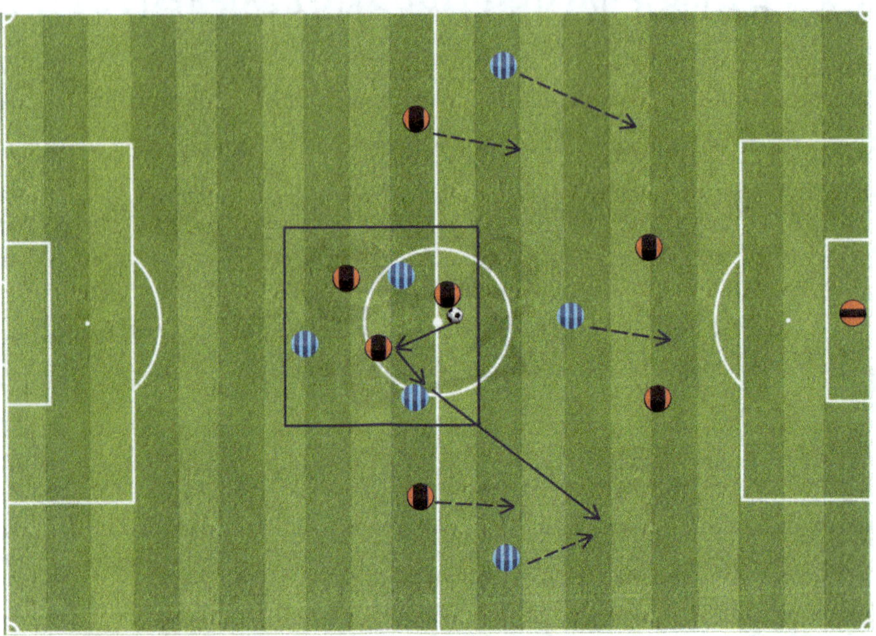

Jugadores: 3 contra 3 y, posteriormente, 3 contra 2 (+2).

Descripción: en una zona central delimitada se simula una situación de tres contra tres con los jugadores del mediocampo. Cuando el equipo que defiende recupere el balón, buscará lanzar un pase con uno de los tres compañeros de arriba, preferiblemente con uno de los extremos, para atacar en una situación rápida de tres delanteros contra dos centrales; quienes, a su vez, recibirán la ayuda de los laterales en repliegue. Esta situación de recuperación y salida rápida también se puede realizar sobre las bandas, recuperando el balón en ese sector del campo e intentando una transición con un giro rápido al otro costado.

AGRADECIMIENTOS

A mis padres, por ayudarme a ser quien soy hasta el día de hoy y a sus obsesiones en darme siempre la mejor formación. Por todas las horas que han pasado en un campo de fútbol.

A mis hermanos, por aguantar todo el fútbol que han tenido que ver.

A mis abuelos, por su preocupación y apoyo constante.

A mis compañeros de trabajo, por tantas horas de fútbol juntos, por vuestro aporte diario en mi crecimiento como persona y profesional.

A mis jugadores, que en todos estos años me obligaron a mejorar y tuve la oportunidad de aprender con ellos.

A mis amigos de siempre, por cada momento vivido y recordarme el valor incuestionable de los orígenes.

A Mauro y al equipo de LIBROFUTBOL.com, por dejarme cumplir uno de mis sueños.

A todos los compañeros del fútbol que me he ido cruzando en cada momento de la vida y me han enriquecido de alguna manera u otra.

A mis profesores, de los que aprendí el amor por enseñar a los demás.

A los colaboradores externos que han ayudado con el libro: Instat, LongoMatch y Tactical Pad.

A todas aquellas personas que comparten mi misma pasión y amor por este deporte.

SOBRE EL AUTOR

Andrés Bretones es entrenador desde los 18 años, ya lleva más de una década dedicándose al fútbol. Su pasión por el juego lo llevó a especializarse en el análisis táctico, habilidad que enlaza con su función de preparador físico.

Graduado tanto en Ciencias de la Actividad Física y del Deporte como en Entrenador Nacional de Fútbol. Ha sido ponente en diversos cursos sobre videoanálisis en el fútbol.

En España ha experimentado, en los clubes CE Europa y AE Prat, en los puestos de preparador físico, entrenador del fútbol base y analista.